KB129198

비극은
그의 혀끝에서
시작됐다

비극은 그의 혀끝에서 시작됐다

심리학자와 언어전문가가
알기 쉽게 풀어낸 말의 심리

박소진 ㅣ 이미정 공저

학지사

4

왜, 소통하지 못하는가?

어렸을 때 누군가가 나에게 물었다.

"너, 메아리가 왜 생겼는 줄 알아?"

"에코(메아리)라는 요정이 있었는데 한 남자를 아주 많이 사랑했대. 하지만 그 남자는 이 요정을 거들떠보지도 않았다는 거야. 그러다 에코가 신의 저주를 받아서 말을 할 수 없게 되고 결국 죽고 말았는데, 목소리만은 살아서 사람들이 산에서 '야호~!' 하면 '야호호호~~!'라고 소리가 되돌아오는데 바로 그게 에코(메아리)라는……."

대충 이런 내용이었던 걸로 기억한다. 그때는 이 이야기가 그리스 로마 신화에 나오는 이야기인 줄 몰랐다.

그리스 로마 신화에는 올림푸스 산의 주신인 제우스의 이야기가 종종 나온다. 그는 유명한 바람둥이였는데, 어느 날 제우스가 숲의 요정과 바람피우고 있다는 사실을 부인인 헤라가 알게 되고 그녀는 그의 행방을 에코에게 묻는다. 수다쟁이 에코는 묻는 말에는 대답하지 않고 수다를 늘어놓다가 결과적으로 제우스가 현장에서 도망치는 것을 돕게 된다. 화가 난 헤라는 에코에게 벌을 내린다.

"이제부터 너는 말을 하되, 한마디밖에는 할 수 없다. 그것도 남의 말을 되받아서……."

그러나 비극은 이것으로 끝나지 않는다. 에코는 나르키소스를 사랑하지만, 그에게 사랑 고백조차 할 수 없다. 그저 그의 말을 한 마디씩 되받아 따라 할 수 있을 뿐이다. 사랑하는 나르키소스에게 거절당하고 에코는 시름시름 죽어 간다. 그리고 한 줌의 재가 되어 사라진다. 반면 나르키소스는 물에 비친 자신의 모습을 보고 사랑에 빠진다.

삶이 그런 것인가, 사랑이 그런 것인가, 에코는 사랑하는 사람에게 고백하지 못하고, 나르키소스는 어이없게도 스스로와 사랑에 빠져 비극적인 죽음을 맞이한다.

일반적으로 유아는 만 2세가 되면 거울에 비친 자기를 인식한다고 하는데, 나르키소스는 자신의 모습을 타인으로 인식하여 사랑에 빠진 것이다. 이렇게 자기 자신과의 사랑에 빠져 있는 사람을 심리학에서는 '자기애성 성격장애'라고 한다. 우리 주위에는 나르키소스처럼 사랑을 주고받는 것이 어려운 사람들이 많이 있다.

그리고 말을 배우는 유아는 에코처럼 엄마의 말을 똑같이 따라서 하기도 하는데, 이것은 언어를 배우는 정상적인 과정이다. 그러나 자폐아는 타인의 말을 이해하지 못하면서 똑같이 따라서 하고 이를 계속 반복한다. 이를 언어치료학에서는 '반향어echolalia'라고 한다. 이렇듯 에코와 나르키소스의 모습은 우리 삶의 면면에 있다.

당신은 타인의 마음을 얼마나 헤아리고, 타인의 말에 얼마나 귀기울이고 받아들일 준비가 되어 있는가?

상대방의 말만 듣지 말고, 상대방의 마음을 읽어야 한다.

사람들은 상대방의 마음을 알고 싶어 한다. 상대방의 심리를 알기 위한 가장 강력한 수단이자 기본적인 단서는 말(언어)이다. 물론 대화에서 표정이나 몸짓 등 비언어적인 요소의 중요성도 간과할 수 없다.

이 책은 심리학과 언어치료학을 전공한 두 명의 저자가 사람들이 궁금해하는 말과 관련된 심리를 알기 쉽게 풀어 쓴 말-심리학책이라고 생각하면 좋을 듯하다. 이론 중심보다는 상담 현장과 영화 등 독자들이 이해하기 쉬운 예를 통해 실생활에서 언어와 심리가 어떻게 연결되어 작용하는지를 설명한다.

심리학과 언어치료학은 매우 과학적인 관점을 추구하는 학문이다. 과학적이라는 것은 상식적인 것이 아닌, 과학의 바탕에서 봤을 때 타당성이 있는 것을 채택한다는 의미다. 또한 심리학은 세부 분야로 나뉘어 있고 각 분야마다 관점이 매우 다르며, 이는 언어치료학도 마찬가지다. 첨예한 두 분야를 아직 부족한 두 사람이 건드린다는 것이 조심스럽기도 하고 주제넘는 일을 하고 있는 건 아닌가 우려도 되지만, 그보다는 새로운 분야를 개척하고 이를 통해 스스로의 부족한 부분을 채우면서 성숙해지는 과정으로 이해해 주기를 바랄 뿐이다.

또한 독자들이 이 책을 통해 상대방과 자신의 진심을 읽고 그 속에서 행복에 이르는 작은 길을 발견할 수 있다면 그보다 좋을 순 없겠다.

예순의 나이에도 공부가 재미있다며 학문에 대한 지치지 않는 열정을 보여 주시는 이종숙 교수님, 늘 따뜻함을 잃지 않는 김정호 교수님, 언제나 아낌없는 조언을 해 주시는 정진복 교수님, 꼼꼼하게 책에 대해 조언해 주신 김병선 교수님께 감사 드린다.

　내용을 검토해 준 기숙이, 영미, 형남이, 선정이, 해미, 은영이, 필아동가족상담센터 윤필진 원장, 유캔센터 정준용 센터장님, 다지기 정재군 원장, 다방면에서 도움을 아끼지 않았던 노현진 님께도 고맙다는 인사를 전하고 싶다.

　마지막으로, 재미있는 글을 썼다며 이 책을 열린 마음으로 봐 주시고 세상 밖으로 나올 수 있게 해 주신 학지사 김진환 사장님과 선량한 눈빛을 가진 최임배 전무님, 꼼꼼히 책을 살펴주신 김선영 과장님께 감사의 말씀을 전한다.

수락산과 서초동을 오가며
박소진

차례 I

차례 II

차례 III

5 표정과 몸짓

1
오해와 상처

나를 외치다
부정방어 vs. 자기개방

기억을 자극하는 소재 중에 음식만 한 것이 없는 것 같다. 그도 그럴 것이 인류가 위험하기 짝이 없는 이 지구에서 해로운 음식과 그렇지 않은 음식을 변별하고 이를 기억하지 않았다면 우리는 웃으면서 지난날의 기억을 떠올리고 이야기할 수 없을 것이다.

어떤 음식은 사람들에게 그 음식의 맛과 음식을 함께 먹었던 사람, 장소, 당시의 분위기를 자연스럽게 떠오르게 한다. 오래되고 허름한 맛집이 장소를 옮기거나 확장공사를 했다고 해서 가 보면 예전의 그 맛을 느낄 수 없는 경우가 많다. 기억을 되짚으며 미소를 지을 수 있으면 다행이지만 항상 그런 것만은 아니다. 기억이 달라졌기 때문이다. 또한 안 좋은 기억으로 남은 음식을 멀리하게 되는 경우를 종종 본다. 이것은 위험으로부터 몸을 보호하기 위한 생존 본능인 것이다. 삶은 계란을 먹고 체한 경험이 있는 사람이 한동안 계란을 멀리하는 것과 같이.

희선에게는 오징어회가 그런 음식이다. 수년 전 친구와 함께 동해에 놀러 간 것이 사건의 시작이었다. 친구와 놀러 갈 생각에 마음이 들떠 있던 희선에게 친구는 그곳에서 자신의 동호회 사람들도 함께 보기로 했다고 전했다. 평소 낯을 많이 가리던 희선에게는 달갑지 않은 소식이었다. '그래도 친구가 있으니 모르는 사람들 잠깐 보는 거야 별 문제 안 되겠지.'라고 생각했던 건 착각이었다. 희선은 일면식도 없는 그들과 꼬박 이틀을 함께 보내게 될 것이라는 사실을 모르고 있었다.

첫 만남부터 좋지 않았다. 도무지 그들의 대화에 비집고 들어갈 틈이 없었다. 희선은 '나한테 문제가 있나?'라는 절망감마저 느꼈다. 동해까지 와서 투명인간이 된 기분이라니……

먼저 말을 걸 용기는 없어도 누군가 자신의 신상에 대해 물어 오는 '예의' 정도는 차려 주길 기대했다. 하지만 먼저 말을 걸어 오는 사람은 없었다. 친구와 내가 어떤 사이인지, 여기는 어떻게 오게 됐는지, 무슨 일을 하고 있는지 전혀 궁금하지 않은 눈치였다. 자신을 소개조차 해 주지 않는 친구도 원망스러웠다. 이미 서로 잘 알고 있는 그들이 자신을 피하는 것은 아닌가 하는 생각에 희선은 점점 더 작아지는 자신을 느꼈다.

침울한 기분으로 그들이 무슨 이야기를 나누고 있는지 조용히 듣고만 있었다. 동호회 활동을 하면서 겪었던 에피소드와 연예인의 신변잡기에 대한 내용이 전부였다.

그들의 대화를 들으며 '겉으로 친해 보이기는 하지만 저들은 서로에 대해 얼마나 알고 있을까?' 하는 의문이 들기도 했다. 함께 여행 와서 고작 연예인 이야기가 대화의 핵심이니 말이다.

저녁이 되자 횟집으로 자리를 옮겼다. '동해까지 왔는데 회나 배불리 먹어야겠다.'는 생각에 희선은 주 메뉴 전에 나온 오징어회를 혼자서 아무 말 없이 먹기 시작했다.

그런데 이런! 목구멍 안쪽에서 끔찍한 느낌이 전해져 왔다. 오징 어 다리의 빨판이 기도에 달라붙은 것이다. 손가락도 닿지 않는 위 치였다. "목에 오징어가 걸렸어요."라고 간신히 말을 해도 아무도 신경을 쓰지 않았다. 희선은 죽을지도 모른다는 다급한 마음에 "오 징어가 목에 걸렸다고!" 괴성을 지르며 먹은 것을 다 토해 내고 말았 다. 한바탕 난리 법석을 떤 후에야 비로소 그들과 헤어질 수 있었다.

희선과 친구는 기분이 엉망이 되어 한동안 말없이 차를 타고 가 다가 희선이 실수로 그만 친구의 휴대전화와 차 시트에 커피를 쏟 았다. 희선은 친구한테 미안하다고 했고, 자연스럽게 지금까지의 상황과 자신의 행동을 설명하면서 친구와 오해를 풀 수 있었다.

그 사건 이후로 희선은 오징어뿐 아니라 그와 비슷한 것도 절대 먹지 않는다.

▌ 잡담과 농담만을 늘어놓는 사람들의 심리
- 방어기제는 보호기제

동호회 사람들이 희선을 무시하는 듯한 태도를 보이며 자신들을 드러내지 않은 것은 당연한 것일 수도 있다. 고된 현실을 떠나 즐겁 게 여행을 와서 굳이 힘든 자신의 속내를 꺼내고 싶진 않았을 테니 까. 그래서 그들은 본의 아니게 희선을 소외시키고 공통된 흥밋거 리에 대해 이야기하면서 자신들을 보호하려고 했을지도 모른다. 희 선을 대화에 끼우려면 자신들도 동호회 회원이라는 가면을 벗어던 지고 각각의 개인으로 돌아가야 하니 달갑지 않았을 것이다.

무의식의 개념을 처음으로 설명한 심리학자 프로이트Sigmund
Freud는 '방어기제'라는 용어를 처음 사용했다. 방어기제는 의식적
이든 무의식적이든 자아가 위협받는 상황에서 이를 다르게 해석하
거나 자신을 상처받지 않게 보호하려는 심리적인 행위를 일컫는다.
방어기제 중에 가장 흔한 것이 바로 '부정Denial'이다. 부정은 일상생
활에서 불편한 감정을 일으키는 상황에 직면했을 때 이를 인정하지
않으려는 마음의 상태다.

예를 들면, 부모 중 다수가 자녀에게 심각한 장애나 문제가 있음
을 알게 돼도 이를 인정하지 않으려고 하는 경우가 부정방어에 해
당된다. 자신의 아이에게 문제가 없다고 생각하고 심각하지 않다
면서 치료를 거부하거나, 아이에게 문제가 있다는 사실을 이야기해
준 치료자를 불신하게 되는 경우도 있다. 부모의 이러한 행동 때문
에 아이는 치료를 받을 적당한 시기를 놓치게 되고, 추후에 이를 바
로잡으려 해도 시간과 비용의 손실이 발생한다. 더 치명적인 것은,
이 경우 자신은 물론 아이에게도 심각한 심리적 손상을 주게 된다.

보다 일상적인 예로, 중요한 면접이나 시험을 앞두고 별로 중요
한 일이 아닌 것처럼 행동하거나 실제로는 불안하면서 겉으로는 태
연한 척 TV나 만화책을 보는 경우가 있다. 결국 좋지 않은 결과를
낳게 되고 이로 인해 자존감 또한 하락할 수밖에 없다.

물론 부정을 포함한 방어기제가 항상 나쁜 것만은 아니다. 방어
기제는 자아와 외부 사건 사이에서 생기는 갈등에 잘 적응하도록
하여 정신 건강에 도움을 주기도 한다. 하지만 실질적으로 갈등 자
체를 해결하는 쪽으로 작용한다기보다는 자신에게 편하고 유리한

쪽으로 생각하도록 하기 때문에 부정적 역할을 하는 경우가 더 흔하다.

▌ 자기개방은 친밀해지는 과정

낯선 사람과 친해지기 위해서는 어느 정도 자신을 내보여야 한다. 심리학에서는 이를 '자기개방Self-Disclosure'이라고 부른다. 상대를 이해하고 수용하기 위해 서로의 지나간 과거 이야기, 현재의 상황, 고민거리 등을 꺼내 놓고 공유하게 되는 과정이다.

흔히 말하듯 인간은 사회적 동물이다. 다른 사람들과 함께 살아가기 위해 스스로를 자신 있게 표현하려는 노력이 필요하다. 이러한 자기개방을 위해서는 자기 자신을 이해하고 긍정적으로 자신을 수용하는 과정을 거쳐야 한다. 보다 깊이 있게 자신의 내면을 들여다보는 과정을 심리학에서는 '통찰'이라고 부른다. 스스로를 객관적이고 냉철하게 바라보는 것은 어렵다. 때로는 자신이 인정하고 싶지 않은 부분까지도 인정하고 받아들여야 한다. 나이가 많거나 지식이 쌓인다고 저절로 해결되는 문제가 아니다. 끊임없는 자기 성찰과 성숙을 통해서만 통찰에 이를 수 있다. 통찰은 인생을 살아가면서 평생을 통해 이루어진다. 자신에 대한 이해와 수용이 가능한 후에 적절한 자기개방이 이루어질 수 있다.

하지만 아무에게나 자기개방을 할 수는 없다. 자기개방에는 분명한 '경계Boundary'가 있어야 한다. 이는 매우 중요한데, 아무에게나 자신의 속 이야기를 다 털어놨다가는 낭패를 보기 십상이기 때문이다. 경계가 너무 없어서 남의 사생활을 꼬치꼬치 캐려는 난감한 사람들도 더러 있다. 피상적으로만 사람을 대하고 깊은 대화를 하지 않는 경우, 돌아서면 남는 것은 공허함뿐이다. 적절한 자기개방은 서로가 자신의 정보와 감정을 공유할 수 있을 만큼의 신뢰가 쌓였을 때 가능하다.

▌ 자기개방은 어느 정도가 적당한가

자기개방은 서로에게 부담이 되지 않는 적정 수준을 유지하는 것이 중요하다. 적정 수준은 오랜 세월 동안 다양한 사람들을 만나는 경험을 하면서 스스로 자연스럽게 터득하게 된다. 예를 들면, 첫 만남에서 성적인 문제를 대화 소재로 꺼냈을 때 어떤 사람은 부담스러워할 수 있지만 어떤 사람은 친밀감과 비밀을 공유했다는 느낌을 받을 수도 있다. 상대에 따라 수위를 조절해야 한다.

대가와 보상이라는 사회적 교환이론의 관점에서 보면 사람들은 누군가와 친해질 때 자신이 준 만큼 받으려 한다. 상대가 너무 많은 것을 요구해도 부담스럽지만 지나치게 잘해 주어도 부담스럽기는 마찬가지다. 보상은 개인에게 긍정적인 것으로 음식이나 돈, 이해와 수용과 같은 심리적 만족감을 포함한다. 대가는 인간관계에서 생긴 모든 손실과 불이익을 의미한다.

자신의 욕구와 상대방의 욕구를 동시에 고려할 때 성공적인 인간관계를 꿈꿀 수 있다. 이를 '상호 호혜적'이라고 하는데, '누이 좋고 매부 좋고, 너도 좋고 나도 좋고'라는 의미다. 자기개방의 경우에서도 나는 내 얘길 했는데 상대방이 그에 상응하는 개방이나 보상을 주지 않을 경우 당연히 불만감이 들고 대화가 단절될 수밖에 없다.

인본주의 심리학자 칼 로저스Carl Rogers는 우리가 친밀한 대인관계를 형성하는 데 공감적 이해, 긍정적 존중 그리고 솔직성이 필요하다고 언급했다. 상대방이 느끼는 것을 같이 느끼고, 이를 비판 없이 있는 그대로 수용하고 존중하며, 그 속에서 느낀 것을 솔직하게 표현함으로써 보다 친밀한 관계로 발전할 수 있다는 뜻이다.

따라서 서로가 불편함을 느끼지 않고 마음에 손상을 입지 않을 정도에서 자신의 생각과 감정을 표현한다면 건강한 관계가 유지될 것이다. 이러한 진정성은 우리의 관계를 보다 깊이 있고 성숙하게 만들어 줄 것이다.

맛은 기억이다!

음식에 대한 맛은 미각과 후각, 시각 등 다양한 감각기관을 통해 대뇌피질로 전달된다. 감각기관을 통해 들어온 정보를 대뇌에서 인식하는 과정이 없으면 우리는 '맛'과 같은 감각을 '지각'할 수 없다(이렇게 감각기관의 이상이 없음에도 실제로 그 상태를 인식하지 못하는 장애를 '실인증'이라고 한다).

어떤 음식이든 그 맛은 머릿속에서 인식되고 기억되는 것으로 우리는 음식에 대한 맛의 기억을 먹고 사는 것일지도 모른다. 우리가 일상에서 자주 접하는 음식들은 대체로 그 맛에 대한 기본적인 정보를 가지고 있고 이런 음식에 대한 선입견이 때로는 그 음식에 대한 고유의 맛을 느끼는 데 방해가 될 수 있다. 게다가 기억이라는 것이 늘 확대 재생산된다는(기억은 매우 능동적으로 선택되고 구성된다. 기억에 관련해서는 다음에 자세히 다루기로 한다) 점을 고려할 때, 맛에 대한 인식도 달라질 수 있다.

즉, 그때의 분위기, 환경, 음식의 양, 과거의 경험 등이 맛을 결정하는 데 중요한 요소로 작용한다. 이러한 요소들이 음식이 가지고 있는 특유의 맛과 결합되어 기억 속에 저장되는 것이라고 할 수 있다. 또한 음식의 맛은 다른 사람들과 식사를 하면서 경험하는 경우가 많기 때문에 그것을 지각하고 느끼는 것은 다분히 '사회문화적' 성격을 갖는다.

영화〈인정사정 볼 것 없다〉(이명세 감독, 1999)에서 극중 배우 장동건과 박중훈이 추운 겨울 잠복근무를 하면서 나누던 대화가 생각난다. "뜨끈한 국물에 밥 말아서 김치를 '쭉~' 찢어서 얹어 먹으면 좋겠다." 한국인이라면 더 이상의 부연 설명 없이도 입에 군침이 도는 경험을 했을 것이다. 뜨끈한 국물과 잘 익은 김치의 조화, 그 맛에 대한 기억이 우리를 울고 웃게 만들지 않는가.

"아, 바로 이 맛이야!"

한 번 탈이 난 음식을 다시 먹을 수 있을까?
─ 조건화된 맛 혐오Conditioned Flavor Aversion ─

한 실험에서 쥐에게 설탕물을 먹인 후 화학물질을 주입해 탈이 나도록 했다. 그 이후 쥐들은 설탕물을 거의 먹지 않았다고 한다. 이렇게 어떤 맛이 좋지 않은 경험과 결합된 후에 나타나는 회피반응을 '조건화된 맛 혐오'라고 하는데, 이런 조건화된 맛에 대한 혐오는 적응적 가치를 지닌다.

이는 고전적 조건화 개념으로도 설명할 수 있다. 고전적 조건화는 러시아의 생리학자 파블로프Ivan Petrovich Pavlov가 행했던 '침 흘리는 개 실험'으로 잘 알려져 있다. 파블로프는 원래 동물의 소화에 대해 연구하고 있었다. 그러던 중 연구대상이었던 개가 연구자의 발소리만 들어도 침을 흘린다는 사실을 발견했다. 이에 발소리 대신 종소리를 들려준 후 음식을 주는 과정을 반복하자 개는 종소리만 들어도 침을 흘렸다. 전에는 아무런 반응을 일으키지 않았던 중립적인 자극과 음식처럼 자연적인 반응을 일으키는 자극이 연합돼 나중에는 조건자극만으로도 반응을 불러일으키게 된다는 것이 고전적 조건화 이론이다.

반면 조작적 조건화는 바람직한 결과를 이끌어 내기 위해 어떤 자극에 대해 능동적인 조작을 가하는 것이다. 이 이론은 미국의 심리학자 스키너Burrhus Frederic Skinner에 의해 체계화되었다.

조작적 조건화의 원리로 정적강화와 부적강화가 있다(조작적 조건화의 핵심은 반응과 반응 결과의 연합이고 반응의 결과에는 강화와 처벌이 있으며 강화에는 정적강화와 부적강화가 있다.). 이 중에서 정적강화는 어떤 행동 후에 상대가 좋아하는 것을 주어 그 행동을 계속 하도록 유도하는 것이다. 부적강화는 반대로 혐오자극이 있을 때 그 혐오자극을 제거함으로써 특정 행동을 많이 하도록 유도하는 것이다.

성적이 올라 부모에게 칭찬이나 선물을 받은 아이가 더 열심히 공부하게 되는 경우가 정적강화의 예라면, 음식을 먹고 탈이 난 경우 그 음식을 회피함으로써 또 다시 경험할 수 있는 불쾌한 사건으로부터 벗어날 수 있게 되는 것이 부적강화의 예다.

저 잘난 맛에 산다
왜곡된 자기 사랑

　차 트렁크를 정리하다가 검은 가방 하나를 발견했다. 뭔가 하고 열어 보니 가방 안에 반짝이 샌들이 들어 있다. 몇 년 전 댄스 동호회에 가입하면서 샀던 거다. 그 샌들을 보니 동호회에서 만난 한 남자가 떠올랐다.

　동생과 함께 가입한 동호회에서 배운 춤은 탱고였다. 탱고는 혼자서는 출 수 없는 춤이다. 반드시 파트너가 있어야 하기에 여자와 남자의 비율이 같아야 한다. 남녀가 댄스 연습장 안에 둥글게 서서 춤을 추다가 돌아가면서 파트너가 바뀐다. 자연스럽게 나도 그와 호흡을 맞춰 춤을 추게 됐다. 그는 자기가 나보다 춤을 더 오래 추었다면서 기본 자세부터 동작 하나하나까지 가르쳐 주었다. 참 친절한 사람이라고 생각했는데, 불필요한 스킨십을 하면서 마치 포옹을 하듯 이상한 포즈를 취하더니 이런저런 말을 한다. 나는 그와 몸이 밀착되는 것을 피하려고 엉거주춤하게 엉덩이를 뒤로 빼고 불편한 자세를 취할 수밖에 없었고 춤 동작이 익숙하지 않아 그 사람의 이야기에 집중할 수 없었다.

　연습이 끝난 후 동호회 사람들과 함께 식사를 하러 갔다. 자리가 좁아서 이리저리 끼어 앉았는데, 하필 그 남자와 그의 친구로 보이는 다른 남자가 우리 옆자리에 앉는 것이 아닌가. 땀으로 범벅이 된 두 남자에게서 쾌쾌한 냄새가 나서 나도 모르게 인상을 쓰며 그들을 쳐다보았다. 그들은 이쯤은 전혀 신경 쓰지 않는 눈치였다.

냄새도 냄새려니와 더욱 참을 수 없는 것은 그의 밑도 끝도 없는 자기 자랑이었다. "내가 외국 출장을 자주 가는데, 어느 나라를 갔더니 이런 일들이 있더라." 등 듣기에 황당한 이야기가 대부분이었다. 어떤 일을 하냐는 질문에는 대답을 슬쩍 회피하면서 그냥 다양한 일을 한다고 얼버무리고는 또 황당한 자기 자랑을 늘어놓는다. 참다못해 "나도 그곳에 가 본 적이 있는데, 그렇지 않던데요." 하고 반문을 하니까, 다른 이야기로 화제를 돌린다. 좀처럼 그의 이야기에 신뢰가 가지 않았다.

▌ 빈 수레가 요란하다

"빈 수레가 요란하다."라는 속담이 있다. 그 남자의 자기 자랑에 분명 악의는 없었다. 많은 사람들이 그렇게 하듯 실제 자신이 갖고 있는 것을 다소 부풀려 이야기하는 경우다. 흔히 이런 사람을 '허세를 부린다.'고 표현한다.

허세는 방어기제의 일종이다. 실속보다 겉치레와 외양을 중요하게 여기고 모르는 사람을 만났을 때 자신을 과시하는 행동과 말을 한다. 이런 사람은 자신의 행동이 타인에게 어떻게 평가받을지에 대해 매우 민감한 '타인지향적 성격'이라고 할 수 있다. 과시적인 사람이 실제로 뛰어난 재능과 능력을 갖고 있는 경우도 있지만, 그

렇지 않은 경우 현실 생활에 적응하지 못하거나 사회생활에 지장을
줄 수도 있다.

사회생활을 하다 보면 이런 사람들을 종종 볼 수 있다. 내 주변에
도 이런 사람이 있다. 이제 50대 초반인 그는 앉으면 자기 자랑부터
시작한다. 그러나 근거 없는 그 사람의 이야기를 듣고 있으면 '어디
까지가 사실이고, 어디까지가 거짓일까?'라는 생각만 든다. 자기가
안다는 연예인 이야기부터 자기가 하고 있는 일과 자기가 벌어들이
는 수입 등 그는 내가 그에 대해 기본적으로 알고 있는 정보와 전혀
다른 이야기를 늘어놓는다. 아는 연예인이 많다고 하도 자랑을 하기
에 "꼭 한 번 보고 싶은 연예인이 있는데 만나게 해 줄 수 있느냐?"고
하니까 딴 소리를 한다. 소개 좀 해 달라고 재차 이야기하니까 아예
못 들은 척하고는 다시 자기 자랑을 한다.

▌ 자기 자랑은 결핍에 대한 보상 심리

자랑이 심한 사람들을 보면 마치 그들이 스스로에 대해 대단한
자부심을 갖고 있는 것처럼 보인다. 그러나 알고 보면 이들의 자존
감은 심한 손상을 입은 경우가 많다. 알려진 것처럼 '나르시시즘'은
스스로에게 도취된 상태를 일컫는 말인데, 심리학에서 보는 나르
시시즘은 이와는 좀 다르다. 어렸을 때부터 과잉보호로 자란 아이
들이 어른이 되어서도 스스로 '난 잘났다.' '난 너무 예뻐.'라고 생각
하는 소위 '공주병'이나 '왕자병' 같은 미성숙한 모습으로 나타날 수
있다. 하지만 이와 정반대의 경우에도 나르시시즘이 나타나며, 더

혼하다. 인정과 사랑을 받지 못한 사람들이 이를 보상받기 위한 '자기 보상'의 형태로 나르시시즘이 나타나는 것이다. 누구나 사랑과 인정을 받고 싶은 강력한 욕구가 있지만 지나칠 경우 병적으로 집착하게 된다. 대부분 이런 사람들의 성장 과정을 보면 어려서부터 적절한 사랑과 보살핌을 못 받고 자란 경우가 많다. 그럴 경우 자랑이나 과시 등의 자기 보상을 통해 이러한 심리적 공복감을 해결하고자 하는 것이다.

과시적인 사람이 직장 상사일 수도 있고 친구일 수도 있고 선생님일 수도 있고 후배일 경우도 있을 것이다. 이런 사람들과 잘 지내기 위해서는 처음에 그 사람이 하는 말에 대해서는 일단 문제를 삼지 않고 칭찬을 하면서 관계를 형성해 가는 것이 중요하다. 이렇게 하다 보면 그들은 자신을 알아주고 인정받는다고 느낄 것이다. 이렇게 신뢰를 형성해 가면서 자연스럽게 심한 자랑이나 과시적 욕구에 대해 솔직한 이야기를 나누어 본다면 반발하지 않고 그 말에 귀를 기울일 것이다. 또한 이런 사람들은 남에게 지기 싫어하기 때문에 오히려 경쟁심을 부추기거나 공명심을 자극해 효과를 얻을 수도 있다. 같이 팀플레이를 할 경우에 경쟁적인 특성을 고려해 그들이 팀에 공헌을 하도록 유도함으로써 성취감과 주목 받는 희열을 맛보게 한다면 도움이 될 수도 있다.

오랜 기간에 걸쳐 형성된 성격을 고치기란 쉽지 않다. 남이 뭐라고 말하든, 요강에 밥을 지어 먹든, 조약돌을 삶아 먹든 누구나 자기 잘난 맛에 산다. 그러니 그들이 나와 밀접한 관계에 있는 중요한 사람들이라면 도를 닦는 기분으로 그들을 맞이하면 어떨까.

욕 없이는 대화가 안 돼?
욕의 미학

버스를 타고 약속 장소로 향하고 있었다. 중·고등학생들이 많이 탄 버스였다. 별 생각 없이 창밖을 응시하고 있는데 뒤에서 난데없이 욕설이 난무하는 것이 아닌가. 깜짝 놀라 뒤를 돌아보니 청소년들이 계속 욕을 하면서 이야기를 하고 있었다. 분명 싸우는 것 같지는 않았다.

이 일을 겪은 후 내가 상담하는 중학생 아이에게 "너도 친구들과 말할 때 욕 많이 하니?"라고 물었더니 그렇다고 대답한다. 오히려 뭐가 잘못됐냐는 듯이 나를 쳐다본다. 욕하는 게 좋으냐고 다시 물으니 그건 또 아니란다. 단지 욕을 하지 않으면 착한 척하는 '범생이'로 놀림받을 것이 겁이 나서 욕을 하고, 매일 쓰다 보니까 습관이 돼 이제는 아무렇지도 않다는 것이다. 청소년들 사이에 욕설이 생활화된 것 같아서 걱정스럽다.

최근 상담을 받으러 온 초등학생의 경우도 이와 비슷하다. 이 아이는 들어오자마자 자꾸 욕을 하게 된다며 자신의 이야기를 늘어놓았다. 주변에서 친구들이 욕을 자주 하니까 자기도 모르게 욕이 나온다는 것이다. 욕을 하면 어느 정도 속이 시원해지는 느낌도 있지만 왠지 해서는 안 될 것 같아 고민이라는 것이다. 같은 반 친구들이 얼마나 욕을 하느냐고 물으니 "30명 중 28명은 한다."고 한다. 이제는 욕이 일상화되어 들어도 별로 기분이 나쁘지 않다는 것이다.

현재 초·중·고등학생들 사이에서 욕의 빈번한 사용으로 인한 언어의 오염은 생각보다 심각한 수준이다. 일부의 문제로 치부할 수 없는 문제가 되어 버린 것 같다. 그만큼 아이들이 유해한 환경에 노출되어 있고 심한 스트레스를 경험하고 있다는 반증으로 볼 수도 있다.

욕을 사용하지 않으면 또래집단으로부터 거부를 당할 수 있다는 문제도 쉽게 넘길 수 없는 부분이다. 다른 아이들이 욕을 하니까 자신도 욕을 하지만 속이 편하진 않다. 하지만 욕을 하지 않으면 다른 아이들이 자신을 거부하거나 싫어하지 않을까 하는 두려움이 있기 때문이다.

▌욕설의 의미

우리나라에서 욕은 매우 다양하게 사용되고 있다. 자기의 감정을 직접적으로 표현하기 위해서도 사용되지만, 특히 남자들 사이에선 상대방과의 친근감을 표현하기 위해서도 사용된다.

욕설에 대한 연구 중에는 국내 연구가 별로 없다. 특이하게 일본인 이나가와 유우키가 발표한 「한국어 욕설표현의 사회언어학적 연구」라는 논문이 눈에 띈다. 우리나라의 욕설을 외국인이 연구했다는 점이 흥미롭다. 이 논문은 한국 욕설의 다양한 특징을 사회언어학적 입장에서 조사 연구한 것인데 여기에서 그 내용을 잠깐 소개하면 다음과 같다.

- 첫 째, 우리나라 사람 중에는 욕을 거의 사용하지 않는 사람이 46%
  로 가장 많기는 했지만 약 절반 정도가 욕을 자주 하거
  나 가끔 하는 것으로 조사됐다.
- 둘 째, 욕을 하는 상황에 있어서 남녀의 차이가 있다. 남성의 44%
  가 친근감을 나타낼 때 욕을 사용하는 반면 여성의
  62.8%는 혼잣말로 사용한다.
- 셋 째, 욕의 상대를 보면 친한 동성 친구가 43.6%로 가장 많
  다. 이 부분에서 우리나라 욕설문화의 일면을 엿볼 수
  있다. 우리 인식의 저변에 친구 사이에는 흉허물이 없어
  막말과 욕설을 사용해도 괜찮다는 생각이 깔려 있고, 거
  리감을 좁히려는 의도로 욕을 사용하는 것 같다.
- 넷 째, 우리나라 사람들이 일상생활에서 가장 많이 사용하는
  욕을 보면 20~30대 남자는 '씨팔/씨발'이었고, 20대 여
  자는 '지랄', 30대 여자는 '나쁜 놈/년'이었다.
- 다섯째, 욕을 습득하게 된 과정을 보면 '친구에게서 배웠다'가
  45.5%로 가장 많았다.
- 여섯째, 인간관계를 형성하는 데 있어서 욕이 어떤 역할을 하고
  있는지에 대한 물음에 '욕을 가끔 하는 친구랑 친해질
  수 있을 것 같다.'는 대답이 48.8%로 가장 많았다.

모든 사람이 욕을 친근하게 느끼는 것은 분명 아니다. 내 주변에

는 욕을 하는 사람들이 거의 없다. 누군가가 욕을 하면서 내게 친근 감을 표시한다면 오히려 가까이 하고 싶지 않은 생각이 들 것 같다. 우리나라 사람들 대부분이 욕설을 긍정적인 이미지로 생각하고 있 지 않으면서도 빈번하게 사용한다는 것은 아이러니다.

한때 유행했던 〈가문의 영광〉이라는 시리즈의 영화를 보면 욕이 난무한다. 그럼에도 사람들은 영화를 보며 많이 웃었고, 영화의 흥 행 덕분에 몇 편이 연이어 만들어졌다. 특히 배우 김수미는 정말 욕 을 맛깔나게 한다. 관객들은 김수미의 대사를 듣고 자지러지게 웃 었다. 김수미의 대사는 주로 "이런 씨……."로 시작해 현란한 욕으 로 채워진다.

김수미의 훌륭한 연기 때문이라고 해도 욕이 사람들에게 이런 식의 웃음을 준다는 것은 흥미로운 현상이다. 하지만 웃기는 욕이 라 하더라도 영화 내내 넘쳐나는 욕을 소화하는 것이 쉬운 일은 아 니다. 영화를 보고 난 후, 돌아서서 남는 것은 귀가 먹먹해지면서 환청처럼 또는 메아리처럼 들려오는 욕설뿐이다. 우리나라 문화에 익숙하지 않은 다른 사람들은 이런 영화를 보고 한국인은 다 욕쟁이 이라고 생각할지도 모르겠다.

TV에 소개되기도 했던 '욕쟁이 할머니'의 사례도 비슷하다. 음식 점 주인인 할머니는 계속 욕을 해대고 사람들은 그 욕을 즐겁게 들 으면서 음식을 먹는다. 심지어 욕을 해 달라고 부탁하는 사람들이 있을 정도다.

▌ 욕에도 미학이 있다?

욕이 적재적소에 사용된다면 욕에도 나름의 '미학'이 있다고 생각한다. 정말 욕을 해야만 하는 순간도 있기 때문이다. 화를 내야 할 때 화를 내는 것이 자연스럽고 건강한 반응인 것처럼, 옳지 못한 일을 하는 사람을 보고 '나쁜 놈'이라고 욕하는 것은 인간에게 기본적이고 보편적인 '선(善)'이 존재함을 의미한다.

욕은 일시적이긴 하더라도 하는 순간 나름의 쾌감을 주는 것도 사실이다. 또한 스트레스 및 긴장을 해소해 주어 강렬한 감정을 드러내기 위해서도 사용된다. "목소리 큰 놈이 무조건 이긴다."는 말처럼 얼마나 현란한 욕을 사용하는가에 따라 갈등 상황에서 승패가 갈리는 경우를 종종 목격한다.

나도 가끔은 운전을 하다 혼자 욕을 할 때가 있다. 이런 나를 보며 자신까지 속이 다 후련하다고 말해 준 친구도 있었다. 그러나 나는 절대로 욕 예찬론자는 아니다. 욕은 역시 남의 인격을 무시하는 모욕적인 말일 뿐이다. 욕은 기본적으로 상대를 공격하는 행위에 해당한다. 욕을 하는 사람은 욕을 내뱉기 전에 매우 흥분돼 있는 경우가 많다. 음성학적으로도 욕에 주로 쓰이는 거센 발음들은 상대를 쉽게 자극하기 때문에 귀에 거슬린다. 개똥이 약에 쓰일 수 있다고 해서 개똥의 지위가 격상되는 것은 결코 아니다.

욕 하면 생각나는 친구가 하나 있다.

10여 년 전 나는 친구와 그의 친구, 이렇게 셋이서 여행을 갔었다. 친구의 친구는 입에 욕을 달고 사는 유형의 사람이었다. 밥을 먹을 때나 길을 걸을 때나 앉을 때나 일어설 때나 기분이 좋을 때나 나쁠 때나 '에이씨~' '우라질~'을 입에 달고 다녔고, 기분이 좋으면 좋아서, 맛있는 밥을 먹을 때는 아주 맛이 있어서 욕을 한다는 것이다. 이유가 있건 없건 욕을 쉴 새 없이 쏟아 내는 통에 여행은 점점 재미가 없어지고 동굴 속으로 들어가 버린 듯한 우울한 기분에 사로잡혔다.

여행 마지막 날, 그 친구와 밥을 먹다가 나도 모르게 수저를 던지며 말했다.

"닥쳐! 제발, 밥 좀 먹자!"

내 말이 곧 진리다
잘못된 자기주장

"벼는 익을수록 고개를 숙인다."는 속담이 있지만 현실에서는 그런 사람을 만나기란 쉽지 않다. 많이 배우고 많은 것을 가진 사람일수록 고개가 더 빳빳해진다. 자신감 또는 우월감의 무의식적 표현일 수 있다. 실제로 자신감 있는 사람일수록 자세가 꼿꼿하고 시선이 안정적이며 자기주장이 강하다. 반대로 위축되어 있는 사람일수록 시선이 불안정하고 타인의 시선을 회피하거나 아래로 향하는 경우가 많기 때문에 고개를 숙이거나 저자세인 경우가 많다.

소위 전문가라고 하는 사람들을 보면 이러한 자신감의 경지가 정점에 이르는 것도 모자라 도가 지나친 사람들이 있다. 이런 사람들은 남의 이야기를 잘 듣지 않는다. 아무리 자신의 분야에서 어떤 경지에 이르렀다고 해도 가끔 '이건 좀 아닌데.' 하는 생각이 든다.

도박을 포함해 중독과 관련한 상담을 하고 있는 ○○센터의 정 센터장님은 내게 "전문가들과 회의를 하면 늘 결론에 도달하기 어렵다. 다른 직원들 보기에 좀 곤란할 정도로 싸워대는 통에 참 힘들다."는 이야기를 한 적이 있다.

박사과정 수업을 듣고 있을 때 겪은 일이다. 연구방법론과 관련된 수업이었는데, 타 전공 교수와 학생들의 의견이 쉽게 조율되지 않았다. 수업 마지막 날 나는 아파서 수업에 참여하지 못했는데 학생들과 교수가 결국 고성을 지르고 자료를 집어던지며 싸웠다는 후문을 들었다.

타 전공이었던 그 교수는 심리학과 학생들을 '실증주의자'라며 맹렬히 몰아붙였다. 학생들은 실질적인 연구 방법에 대한 기술을 요구했지만, 교수는 방법론보다는 연구자가 갖추어야 할 철학에 보다 중점을 두었다. 결국 이 간극은 좁혀지지 않았다. 전문화라는 것은 한 분야를 보다 깊게 천착해 가는 과정이다. 이렇게 학문이 점점 더 전문화, 세분화되면서 어떤 전문가들은 자기 분야, 그것도 세부 분야를 조금만 벗어나면 지식이 깊지 못한 경우가 많다. 더러는 아는 게 그것밖에 없는 경우도 있다. 그러니까 서로 자기가 아는 것만 주장하는 상황이 종종 발생한다. "내가 알고 있는 이것이 전부다. 그 외에는 모르겠다."고 말한 뒤 귀를 닫아 버린다.

전문가가 되기 위해서는 상당한 기간이 걸린다. 그간의 노고를 생각하면 자신의 주장을 펼치는 것을 인정해 주어야겠지만, 한 분야만 파고들다 보니 주변 상황에 대해 무지해지는 상황이 벌어진다. 공부를 하면 할수록 시야가 더 협소해지고 성격은 더 고집스러워지는 사람들이 있다.

▌지식이 많다는 것과 교양과 수양을 쌓아 성숙한 인간이 된다는 것은 다른 경로를 걷는 것일지도 모른다

때로 전문가들은 자신의 의견을 고수하고 타인의 의견을 수용하지 않는 것을 소신 있는 태도로 잘못 인식하는 경우가 있다. 실제로 어떤 전문가들은 "잘못했다." 혹은 "미안하다."라고 말하는 것이 자신의 무능력함을 인정하는 것이라 여기기도 한다. 그들은 자신을 찾아온 의뢰인들이 자신에게 컴플레인을 하지 못하도록 하기 위해서 그런 말들을 사용하지 않는 것이다.

전문가가 비전문가의 의견을 무조건 받아들인다면 전문가로서의 신뢰감이 떨어질 수 있겠지만, 때에 따라서는 잘못이나 실수를 인정할 줄 알아야 진정한 전문가로 거듭날 수 있다.

▌많이 아는 사람일수록 자기주장이 강하다?

자기주장은, 자신의 감정과 권리를 중요하게 생각할 뿐 아니라 상대방의 감정과 권리도 같이 중요시하는 것이다. 그런데 자기주장을 펴는 사람들 중 많은 경우가 타인의 생각과 관계없이 자기 생각을 타인에게 요구하는 것으로만 받아들이는 것 같다.

'자기주장'에 대하여 자스트로우Zastrow(2007)는 공격, 간접적 조정 혹은 비주장과 달리 자신의 욕구를 다른 사람들에게 분명히 요구하고, 협의될 수 있는 구체적인 변화를 요청하는 의사소통의 방법이라고 하였고, 김미영(2009)은 동등한 가치를 갖는 사람들 간의 직접적이고 정직하며 분명한 의사소통으로서 가부장적 사회에서 우월한 사람과 열등한 사람 혹은 상위의 사람과 하위의 사람 간에 흔히 발생하는 의사소통과는 반대의 개념으로 정의한 바 있다.

▌융통성이 있다는 것은 그만큼 지식과 경험이 풍부하고 정신적으로 젊다는 의미일 수 있다

자기주장만을 일방적으로 펴는 사람들의 사고는 경직돼 있다고 표현할 수 있다. 경직성은 융통성과 반대 개념으로 어떤 태도, 의견, 그리고 문제 해결 과정에서 그 해결 방법이나 행동이 옳지 않거나 이득이 없음에도 불구하고 옛날부터 써 오던 방법을 고집하고 계속하는 행동 경향을 말한다. 이는 주로 중장년층에서 나타난다. 이동에 편리한 자동차가 발명됐는데도 옛날에 쓰던 우마차를 타려고 하는 경우처럼 종래에 하던 안전한 방법을 고집하고 새로운 지식의 흡수를 위해 옛것을 과감히 버리거나 바꾸려고 하지 않은 것을 예로 들 수 있다. '구관이 명관'이라는 말처럼 옛것을 고수하려는 경향은 일관되고 안정된 것을 추구하려는 경향성일 수 있지만, 새로운 것을 받아들인다는 것은 그만큼의 노력이 필요하고 부담스러운 일이기 때문에, 변화를 추구하고 변화에 적응하는 것은 분명 '능력'임에 틀림없다.

그래서 그런지 중장년층에서 노인층을 대상으로 지능평가를 시행하면 동작성 검사의 점수가 낮고 학습능력이 저하된 결과가 주로 나타난다. 노화에 따른 지능의 쇠퇴일 수도 있지만 경직성의 증가에 따라 학습 및 문제 해결 능력이 감소하기 때문인 것으로 생각할 수도 있다. 경직성이 증가할수록 새로운 과제를 보면 도전하기보다는 수동적이고 회피하려는 경향성이 강해지기 때문이다.

경직성이 강한 전문가는 새로운 이론이나 의견에 대해서 필요 이상으로 공격적이거나 거부 반응을 보이게 된다. 자신이 전문성을 습득하지 못한 분야에서는 전문가로서의 권위를 행사할 수 없어 겸허한 수용의 자세를 유지하기 어렵기 때문일 것이다.

동작성 지능은 교육이나 문화의 영향을 받지 않은 선천적 지능으로 귀납적 추리, 공간지각 능력, 조형의 융통성 등이 포함된다. 유동성 지능이라고도 한다. 언어성이나 결정화된 지능처럼 교육과 경험에 의해 축적된 지식과는 달리 나이가 들면서 감퇴하는 경향이 있다.

▌남녀 사이에서도 자기 의견만 주장하는 바람에 싸우는 경우가 많다

남녀 관계의 초기 갈등 상황에서도 상대방에 대해 '사람이 변했다.'고 생각하거나 '내가 변화시킬 거야.'라고 생각해 일방적으로 자기주장만을 내세우는 사람들이 있다. 이런 갈등 상황이 계속된다면 서로가 부정적인 정서를 더 많이 표현하게 돼 사이는 점점 멀어질 것이다.

보통, 여자가 남자에게 변화를 바라고 요구하는 입장에 있는 경우가 많기 때문에 자기주장을 밀어붙이는 행동을 많이 하게 된다. 반대로 남자는 수동적으로 입을 다물고 외면을 하게 되는 일이 잦다. 성별에 따른 자기주장의 차이는 생물학적으로 설명이 가능하다. 남자가 여자에 비해 심리적 스트레스에 생리적으로 각성이 잘 되기 때문에, 여자가 말할 틈도 주지 않고 쏘아 붙이게 되면 어찌할

바를 모르고 입을 닫아 버린다. 그런 상황에서 "왜 말이 없냐. 입이 있으면 말을 해 봐."라며 여자가 더 심하게 몰아붙이면, 급기야 남자는 심리적 긴장 상황에서 벗어나기 위해서 고함을 치거나 폭력적 행동을 통해 상황을 종결시키려는 악순환이 일어난다.

효과적인 자기주장을 위해서는 자신의 생각을 이야기하되 그 과정에서 상대방의 의견 또한 받아들이고 협의하는 과정을 염두에 두어야 한다. 상대방의 의견을 수용할수록 나의 의견 또한 상대방에게 받아들여지기 쉽다.

▌수용은 사랑의 다른 말?

내가 직접 수업을 들었던 한 교수님은 학생들에게 의견을 구한 후에 "그것도 좋은 말이네." "그럴 수도 있겠네." 하며 정작 교수님 자신의 의견은 별로 피력하지 않았다. '저 분이 잘 모르셔서 그런가?' 하고 의아한 생각이 들 정도였는데, 나중에 이런 말씀을 하셨다. "여러분은 사람이 가져야 할 덕목 중에 무엇이 가장 중요하다고 생각하나요? 나는, 가장 중요한 것이 수용이 아닐까 해요. 사람 사이에서도 수용이 잘 안 되기 때문에 싸우게 되는 경우가 많지요. 그리고 스스로의 한계에 대해서 수용한다는 것은 참 어려운 일이지요. 그럼에도 불구하고 수용은 참 중요합니다. 그리고 그것이 바로 사랑이 아닐까요."

참 대단하시군요
비아냥거림

"선생님은 참 대단하신 것 같아요."

회식 자리에서 나이 어린 후배 직원이 한 말에 소현은 의아했다. '뭐가 대단하다는 거지? 30대 후반에 결혼도 안 하고 열심히 일하면서 잘 살고 있는 내가 부럽다는 의미인가?' 소현이 다시 물으니 후배 직원은 뜻밖의 대답을 한다. 그 나이에 아직도 결혼할 생각을 한다는 것 자체가 대단하다는 것이다.

어린 후배에게 정색하고 화를 내기도 뭣해 소현은 "그 이야기를 들으니 더 슬프네."라고 말하며 웃어 보인다. 하지만 눈물이 핑 돈다. 이미 결혼 날짜를 잡아 놓은 20대 중반의 그 후배에겐 30대 후반이라는 나이 자체가 끔찍했던 것일까?

그 후배가 왜 그런 말을 했을지 그 이유를 추정해 보자.

[가설 1] 성격 유형 요인: 감각형 vs. 직관형, 감정형 vs. 사고형

지금 당신의 양손을 깍지 끼워 보라. 오른손이 위로 올라오는가, 왼손이 위로 올라오는가? 왼손이 위로 올라오는 사람이 오른손이 위로 올라오는 사람보다 우월하다고 할 근거는 없다. 다만 사람들에겐 다양한 차이가 존재할 뿐이다. 사람들은 각자 선호하는 성격에 대한 경향성이 존재한다.

MBTI 성격 유형 검사는 사람들의 성격적 선호도를 네 가지로 제시한다. 에너지 방향과 주의 초점에 따라 '내향-외향', 정보를 수집하는 방식에 따라 '감각-직관', 무엇에 근거해서 판단과 결정을 하는지에 따라 '감정-사고', 이행양식과 생활양식에 따라 '인식-판단' 등으로 구분한다.

어린 후배는 MBTI 성격 유형에 따라 분류해 보면 직관형보다는 감각형일 가능성이 높다. 직관형은 자신의 신념과 육감, 보이지 않는 미래의 가능성 등 추상적인 부분에 관심이 많은 사람들이다. 이들은 마치 다른 별에서 온 듯, 현실감을 찾기 어렵고 두루뭉술하고 뜬구름 잡는 사람들처럼 보일 수 있다. 이런 사람들은 어떤 일을 시작하기가 어렵다. 하지만 한 번 시작하면 일사천리로 끝내 버리기도 한다.

반면 감각형 사람들은 오감으로 체험하는 것을 선호하며, 매우 현실적인 안목으로 구체적이며 실현 가능성 있는 계획을 세운다. 그리고 그 상황에 맞게 빠르게 일처리를 하며 처리 능력도 좋은 편이다. 단점이라면 세부적이고 구체적인 것에 집착한 나머지 앞을 내다보는 안목이 부족하다. 나무는 봐도 숲을 보지 못한다. 다시 말해 미래지향적인 생각을 하지 못한다. 당장 눈앞에 보이는 이득이 없는 추상적인 생각을 매우 싫어하고 골치 아파한다. 그런 생각을 갖고 있는 사람이라면 서른 중반을 넘기고도 낭만적인 결혼을 꿈꾸는 여자를 이해하기가 어려웠을 것이다.

자신의 생각을 표현하는 것 자체를 나쁘다고 할 수는 없다. 소현이 그 말을 듣고 화가 났던 것은 단지 혼기가 지나도록 결혼을 하지 않았다는 이유로 저보다 훨씬 어린 후배에게 '당했다'는 느낌을 받았기 때문일 것이다. 후배는 자신이 한 말이 상대에게 상처가 될 수 있다는 사실을 몰랐을까? 그 후배가 남을 배려하고 공감능력이 뛰어난 감정형이었다면 상대가 상처 받을 만한 이야기는 하지 않았을 것이다.

[가설 2] 싸가지, 바가지: 그냥 비아냥거림일 뿐

그러니까 결국 그 어린 후배는 남에 대한 배려 없이 비아냥거리는 말을 했을 뿐이다. 나도 그와 비슷한 경험이 있다. 예전 직장의 직원들은 결혼을 대체로 빨리 한 편이어서 사무실 직원 대부분이 결혼을 했거나 하려고 계획 중이었다. 그런데 여직원 중 한 명이 갑자기 나에게 묻는다.

"소개팅 해 드릴게요. 그런데 선생님도 조건 같은 것을 따지세요? 대학 안 나온 사람도 괜찮을까요?"

소개팅을 부탁한 적도 없는데 먼저 나서서 해 주겠다는 것도 이해가 안 됐지만 이어진 질문은 또 뭐란 말인가. 그러고 보니 일부러 나 들으라고 옆에서 "나는 서른다섯 전에는 무슨 일이 있어도 결혼해서 아이를 낳아야 한다고 생각해." "다 늙어서 결혼하면 무슨 재미가 있겠어?"라며 자기네들끼리 쑥덕쑥덕거리던 일이 생각났다. 치밀어 오르는 화를 누르며 한마디 해 주고 싶었으나 참았다. 화를 내면 오히려 내가 무능력한 노처녀란 사실을 인정하는 셈이 될 것 같았기 때문이다.

그들이 상대인 나를 면전에 두고 비아냥거리는 말을 하는 것은 자신들이 나보다 생물학적으로 젊다는 '우월감'을 표출하고 싶었기 때문이었을 것이다. 동시에 그것 말고는 딱히 내세울 것이 없는 자신들의 입장이 불만스럽기도 했을 것이다. 이런 식의 비교우위를 바탕으로 뒤틀린 심사를 표출함으로써 그들은 자기만족을 얻었을지도 모른다. 그래도 내가 너보다 조금은 낫지 않느냐고.

▌ 지나친 비아냥거림은 구강기 고착일 수 있다

비아냥거림의 사전적 의미는 "얄밉게 빈정거리면서 자꾸 놀리다."다. 겉으론 아닌 척하면서 비아냥거리는 사람들의 이면에는 충족되지 못한 욕구에 대한 불만족이 숨어 있을 수 있다. 프로이트의 이론에 의하면 구강기에 고착된 사람일 가능성이 크다. 프로이트의 심리성적 발달이론에 의하면 유아기 아이들은 자신의 신체부위 중 심리성적으로 만족을 주는 특별한 부위가 있는데 그것이 발달 단계마다 다르다. 그중 첫 번째 단계가 구강기인데 생후 1세까지다. 이 시기에 충분히 그 욕구가 채워지지 않거나 너무 지나치게 만족되면 그 단계에서 다음 단계로 이행하는 데 문제가 생긴다. 이를 '고착'이라고 한다. 이 시기에 문제가 있던 사람들은 스트레스를 받으면 이 시기로 퇴행하곤 하는데, 그럴 경우 자주 나타나는 행동들이 수다, 빈정거림, 음주, 흡연 등 주로 먹거나 말하는 것과 관련된 행위들이다.

누구나 스트레스를 받는다. 프로이트의 이론은 왜 스트레스를 발산할 때 유독 특정 행위에 집착하는가를 잘 설명해 준다. 어딘가 만족스럽지 않은 사람은 이런 불만족을 해소하거나 만족을 얻기 위해 노력할 것이며, 노력의 상당 부분은 의식적이 아닌 무의식적인 행동이다.

　곰곰이 생각해 보면, 나도 스트레스가 많을 때, 부족하다고 느낄 때, 뭔가 자꾸 마시고 씹고 싶어진다. 하루 종일 마셔대는 커피, 쌓여 가는 종이컵들…….

손톱 물어뜯기는 구강기 고착?
— 프로이트의 심리성적 발달 단계 —

프로이트는 개인의 성격이 5세쯤에 결정된다고 주장하면서 강렬한 성적 충동을 어떻게 다루는가에 따른 발달 단계를 기술했다. 프로이트에 따르면, 성적 충동은 한 발달 단계에서 다른 발달 단계로 이동하고 성적 에너지는 발달 단계에 따라 특정 신체 부위에 집중된다. 또한 각 발달 단계에 따라 성적 충동이 이후의 성격에 영향을 미친다. 한 발달 단계에서 욕구가 지나치게 만족되거나 좌절될 경우 고착이 일어나고, 이 고착된 발달 단계의 심리성적 욕구에 지나치게 몰두하게 된다. 프로이트의 심리성적 발달 단계는 다음과 같다.

◆ 구강기
생후 1년으로, 이 단계에서는 주로 깨물기나 빨기와 같은 구강 욕구를 충족시킨다. 구강 욕구가 적절히 만족되지 못했을 때, 아동기에 엄지손가락 빨기, 손톱 물어뜯기, 이후에는 과식, 폭음, 흡연, 남을 헐뜯기, 지나친 수다 등으로 나타날 수 있다.

◆ 항문기
1~3세경으로 배설운동을 통해 성적 쾌감을 느낀다. 부모가 배변 훈련을 어떻게 시키느냐에 따라 극단적인 청결을 추구하거나 반대로 무절제, 지저분한 특성으로 나타날 수 있다.

◆ 남근기
3~6세경으로 생식기를 통해 쾌감을 추구하는 단계로, '오이디푸스 콤플렉스'가 나타난다. 오이디푸스 콤플렉스는 아동이 동성 부모에게는 적대감을 느끼면서 이성 부모에게는 성적으로 이끌리는 현상을 말한다.

◆ 잠복기
6~12세경으로 성적 충동을 억압하고 가족을 벗어나 사회적 접촉을 확대함으로써 가족 이외의 성인 또는 또래들로부터 사회적 가치를 획득한다.

◆ 생식기
청소년기로 억압된 성적 충동이 다시 활성화되고 생식기를 통해 성적 욕구를 충족하려 한다. 이전의 발달이 성공적이었을 때 성적으로 성숙하고 결혼 및 출산, 양육을 할 수 있게 된다.

술은 잘 못해요
내숭과 후광효과

선아는 단아하고 청순한 이미지와는 달리 내숭을 모르는 털털한 성격의 소유자다. 그녀가 소개팅을 나갔다. 오랜만에 하는 소개팅인데다 남자의 조건도 썩 마음에 들었다. 외모도 준수하고 직업도 괜찮은 그야말로 '훈남'이었다.

화기애애한 분위기에서 함께 저녁을 먹은 후 자연스레 술자리로 이어졌다. 술잔을 앞에 두고 남자가 물었다. "술 좀 하세요?" 평소 술을 마시기 시작하면 밤을 새워야 직성이 풀리는 그녀이지만 일단 "아니요, 잘 못해요."라고 수줍은 듯 대답했다. 괜찮은 이성 앞에서 '주당'의 이미지를 심어 주고 싶지 않아서였다. 술을 잘 못한다는 대답이 남자의 마음에 든 모양이었다. 그는 자신의 주량을 언급해 가며 신이 나 혼자 술을 마시기 시작했다.

술이라면 남들에게 져 본 적 없다고 호언장담하던 남자의 혀가 꼬여 가는 것이 느껴졌다. 불안감이 밀려오기 시작했지만 좋은 분위기를 망치고 싶진 않았다. 그런데 이 남자 얼마 마시지도 않고 테이블에 머리를 박고 쓰러져 버렸다. 게다가 그 상태에서 자신이 오늘 먹은 음식들까지 꺼내 보여 주고 있는 것이 아닌가. 너무 순식간에 일어난 일이라 선아는 당황하지 않을 수 없었다. 테이블에서 남자의 구토물이 뚝뚝 떨어지고 있었다. 처음 느낀 호감은 온데간데 없이 사라졌다.

역한 냄새 때문에 한 손으로는 코를 막고 다른 손으로 그의 휴대전화를 집어 들었다. 소개팅 나간다고 네일아트하는 친구가 특별히 예쁘게 다듬어 준 손톱이 빛을 발하는 순간이었다. 저장된 번호에서 남자의 후배로 보이는 사람에게 전화를 걸어 자초지종을 설명했다. 남자의 후배가 술집에 오기까지 시간이 참으로 더디게 흘러갔다. 여성스럽게 보이면 좋을 줄 알고 떨었던 내숭에 대한 후회가 밀려왔다.

▍내숭과 후광효과

이는 일종의 '후광효과'로 설명할 수 있다. 개인의 일부분(외모, 학력, 명성, 특정 능력)의 긍정성이 그 사람 전체를 돋보이게 해 주는 요인으로 작용하는 것이다. 선아의 "저 술 잘 못해요."라는 발언은 그녀를 지고지순하고 청순한 여성으로 돋보이게 만들어 매력도의 상승을 가져왔을 것이다. 그래서 소개팅남은 더욱 자신의 남성다움을 어필하기 위해 과음을 하게 된 것이었고 뜻하지 않은 결과를 초래하게 된 것이다. 여자의 내숭 발언이 과하게 성공한 사례라 하겠다.

내게도 술 잘 마시느냐고 물어 오는 사람들이 많다. 어떤 경우에

후광효과Halo Effect는 어떤 것을 평가하는 경우에 일부분의 특성이 전체를 평가할 때 심리적인 영향을 주게 되는 것을 일컫는 말이다.

는 대놓고 술 잘 마시게 생겼다며 자꾸만 권하기도 한다. 하지만 남자들의 이런 말들 대부분이 엉큼한 속내를 감추고 있다는 사실을 차차 알게 됐다. 하지만 어쩌겠는가. 주는 만큼 마셔도 취하지 않으니, 오히려 자신의 속내를 들킨 것 같아 당황하는 남자들의 얼굴을 보는 날이 더 많다. 요즘에는 가끔 '그때 취한 척하면서 좀 쓰러져 줬어야 했나?'라고 생각하면서 혼자 웃기도 한다.

비극은 그의 혀끝에서 시작됐다

영화 〈올드보이〉

주인공 오대수는 술에 만취한 채로 경찰서에서 난동을 부린다. 경찰이 이름이 뭐냐고 묻자 "오늘만 대충 수습하며 살자, 그래서 오대수."라고 되지도 않는 말을 늘어놓는다. 그리고 그날 그는 집으로 돌아가는 길에 누군가에 의해 납치된다.

8평이라는 제한된 공간, 철창으로 가려진 창문, 작은 쪽문으로 때 맞춰 알 수 없는 누군가의 손에 의해 들려 들어오는 것은 중국집 군만두. 그 작은 틈으로 얼굴을 들이밀며 "도대체 여기가 어디냐?"고 물어도 대답이 없다.

분노는 인간에게 초인적인 인내심을 발휘하게 하는 마력이 있는 것 같다. 그는 그곳에서 자신을 가둔 상대에게 복수를 하리라 다짐하고 그날만을 기다리며 15년을 버텨 낸다.

대수 : (내레이션) 그때 그들이 나에게 '15년'이라고 말해 줬으면
　　　 조금이라도 버티기가 쉬웠을까?

드디어 15년 후, 그는 납치됐던 바로 그 장소에서 풀려난다. 그리고 누군가 그에게 전화를 걸어온다. 전화기 너머 자신을 가두었

음 직한 사내의 목소리가 들려온다.

대수 : 누구냐, 넌?

우연히 들른 일식집에서, 산 낙지를 통째로 우걱우걱 씹어 먹다가 갑자기 정신을 잃어버린 오대수는 요리사 미도의 집에서 정신을 차린다. 그 후, 두 사람은 사랑하는 사이로 발전한다. 그 사이 오대수는 자신을 감금한 존재를 알게 되고 복수를 할 시간이 임박했음을 느낀다.

그러나 사건의 발단이 자신에게 있다는 사실을 알게 되면서 오대수는 절망하고 자신을 감금했던 우진 앞에서 무릎을 꿇는다. 오대수는 자신의 죄에 대한 용서를 빌며 심지어 자신의 혀를 도려낸다. 그리고 자신이 사랑했던 여인 미도(실제 자신의 친딸)가 이 사실을 알게 될까 봐 두려워한다.

▌ 우진은 왜 오대수를 15년간 감금했을까

철웅 : (심부름센터) 밉지만 차마 죽일 수 없는 놈, 죽이는 걸로는 부족할 만큼 미운 년, 저희가 처리합니다.

우진 : 오래 갇혀 있으면 미치지 않나요?

철웅 : 원치 않으실 경우에는 저희가 약물을 좀 투여할 수 있습니다. 뭐 언제나 문제는 기간입니다만. 손님께서는 어느 정도?

우진 : 15년입니다.

철웅 : (헉! 숨 들이마시는 소리) 무슨 죄를 지었기에?

우진 : 오대수는, 말이 너무 많습니다.

대수 : (내레이션) 물론 지금의 나는 그렇게 말이 많지 않다.

　영화를 본 사람이라면 오대수가 술을 마시고 경찰서에서 보였던 온갖 추태를 떠올리며 '그래 참 말 많은 놈이야.'라고 생각할 수 있다. 그러나 우진의 대사의 속뜻은 해서는 안 될 말을 했다(우진과 자신의 누이의 '금지된' 사랑을 폭로한 것)는 의미로 받아들여야 한다. 행간을 읽지 못하면 오대수가 수다스럽고 게걸스럽게 말을 많이 했기 때문에 15년이나 감금됐다는 웃지 못할 이야기가 돼 버린다. 다시 말해 오대수가 해서는 안 될 말을 발설한 죄, 그것을 우진은 "말이 너무 많다."라고 표현한 것이다.

　오대수는 자신이 한 말이 어떤 결과를 초래할 것인지에 대해서 생각해 보지 못했다. 자신의 발설로 결국 우진의 누이는 자살을 하고 말았다. 사랑하는 누이의 죽음 앞에서 우진은 결심한다. 너도 나와 같은 죄를 짓게 하고 결국은 고통 속에 살게 하겠다고.

　이를 짐작하게 하는 대목은 영화 전반부 우진의 대사 속에 나온다.

　"자갈돌이나 바윗돌이나 물속에 가라앉기는 마찬가지예요."

　영화 〈올드보이〉(박찬욱 감독, 2003)는 '근친상간'이라는 금기를 통해 역설적으로 선과 악의 불분명한 명암을 보여 주고 인간의 원죄의식을 일깨움으로써 어떤 인간도 이로부터 자유로울 수 없음을 보여 줬다.

　어쨌든 발단은 부주의하게 내뱉은 말로 시작된다. 그리고 그 말로 인해 치명적인 결과가 초래된 것이다. 〈올드보이〉가 주는 교훈이 "말조심 하자."는 아니더라도 말의 위력을 인식하고 아무 말이나 함부로 내뱉어서는 안 된다는 것은 명심해야 할 것 같다.

이 영화처럼 극단적이진 않아도 말로 인해 많은 일들이 벌어지곤 한다. 돌이켜보면 '그때 그런 말을 하지 않았더라면' '그때 이렇게 말해 주었더라면' '그(녀)가 왜 그런 말을 했을까' 하고 후회하거나 상처 받았던 경험들이 있을 것이다.

큰 인기를 끌었던 TV 드라마 〈시크릿 가든〉에서도 말로 인해 빚어진 오해로 고통스러워하는 남녀의 모습이 드러난다. 두 사람은 서로의 감정을 숨기고 대화는 서로 엇갈릴 뿐이다.

오스카(윤상현 분)와 윤슬(김사랑 분)은 서로 사랑하는 사이다. 그런데 어느 날 오스카의 친구가 "너 슬이하고 사귀냐?"라고 물어 온다. 그러면서 그 친구는 윤슬이 여러 남자와 스캔들이 있었고 행실이 좋지 않는 여자라고 말한다. 이를 들은 오스카는 자신의 감정을 속이고 둘이 사랑하는 사이가 아니라고 부인한다. 이를 우연히 윤슬이 듣고 그를 떠난다.

영문도 모르고 오스카는 자신을 떠난 슬을 원망한다. 그러던 어느 날 슬이 다시 오스카 앞에 나타난다. 여전히 두 사람은 서로의 진실을 가슴속에 묻어 두고 서로 상처 주는 말만 한다. 그들의 눈빛으로만 그들의 감정이 아직 살아 있음을 알 수 있을 뿐이다.

▌ 말은 생각을 표현하는 도구 중 하나

사람들은 언어Language(언어는 읽고 쓰고 말하고 듣는 것을 포함하는 것으로 말보다 포괄적인 개념이지만 여기서는 Language와 Speech를 같은 의미로 혼용해서 쓰고자 한다)를 통해 자신의 생각을 표현한다. 그러나 말로 표현된 내용을 문자 그대로 해석하고 끝낸다면 이러한 오해의 순간을 피할 수 없다.

가령 〈시크릿 가든〉에서 오스카가 슬에게 청혼했을 때 슬은 "나한테 오빠는 이제 한물간 스타인데 오빠는 나랑 결혼할 생각이었나 봐. 생각보다 순진하네. 실망스럽게."라고 차갑게 대한다. 드라마의 내용을 미루어 짐작해 보면 실제로 슬이가 하고 싶었던 말은 "청혼이 진심인 거야? 친구 준혁이에게 한 말은 무슨 뜻이지? 나는 그런 당신을 믿을 수 없어."일 것이다.

우리가 의식하든 의식하지 못하든 언어적인 것 이외에 표정이나 몸짓과 같은 비언어적인 의사소통이 따라오고 실제로 상대방의 의도를 정확하게 파악하기 위해서 비언어(표정, 몸짓, 목소리 톤 등)적인 것이 더욱 중요할 때도 많다.

오스카는 슬에게 배신감을 느끼지만 슬의 당당한 태도를 보며 '쟤는 뭐가 저렇게 당당해? 잘한 것도 없으면서.'라며 속으로 생각한다. '그러면서 뭔가 오해가 있지 않을까?' 하는 느낌을 받게 된다.

앨버트 메라비언Albet Mehrabian은 성공적인 의사소통을 하기 위해 7%의 문자언어와 38%의 구두언어, 55%의 몸짓언어가 작용해야 한다고 말한다.

구두언어만으로 자신의 생각을 표현하는 데 분명한 한계가 있음에도 대부분의 사람들은 구두언어로 소통하려 하고 이를 통해 상대방의 생각을 확인하고자 한다.

그 이유는 우리가 사회라는 틀, 즉 가치, 규범, 문화 등에서 자유로울 수 없고, 언어가 오랜 세월 동안 내려온 사람들 사이의 약속으로 효과적인 소통을 하기 위해 필수적이기 때문이다. 그렇기 때문에 언어를 개개인이 자의적으로 해석하고 사용하지는 않는다. '말을 배운다.'는 것은 '일정한 규칙 속으로 들어간다'.는 것을 의미한다.

언어치료학에서 언어는 의사소통에 쓰이는 부호와 기호의 체계로 형태적, 통사적, 의미적, 화용적 요소들로 이루어진 것으로 본다. 또한 언어Language는 몸짓이나 기호체계를 통괄해서 사용하는 것으로 우리가 흔히 말Speech 또는 음성Phone이라고 하는 것은 조음기관(음을 산출하는 기관으로 주로 혀, 턱, 입술 등이 포함)을 통해 나오는 의미 있는 소리다.

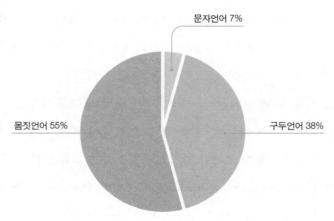

의사소통의 구성(Albert Mehrabian)

▌말은 뇌로 하는 것

뇌는 여러 영역으로 나뉘어 다른 기능을 담당하고 있다. 말을 꺼내기 전에 먼저 머릿속에 떠오르는 생각들을 정리하여 프로그래밍하는 측두엽—얼굴의 귀 부분에 있는 베르니케 영역Wernicke's area—에서 생각을 처리한 다음에 언어 표현 영역인 전두엽—얼굴의 이마 부분에 있는 브로카 영역Broca's area—으로 신호를 전달하게 되고 이에 필요한 신체 근육들이 움직여 소리를 냄으로써 우리의 생각은 언어로 표현된다. 이를 도식화하면 다음 그림과 같다.

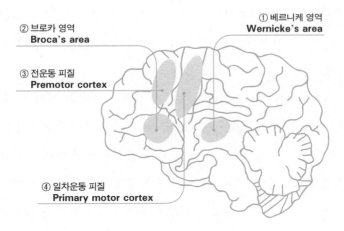

생각이 언어로 표현되는 과정

개념이나 생각 등이 뇌의 작용을 통해 언어학적인 규칙(문법)에 맞게 프로그래밍 된다. 이것이 폐를 지나 성대의 진동에 의해 발성되고 비로소 조음기관의 움직임을 통해서 '의미 있는 소리'로 표출된다. 이 소리는 다시 물리적인 에너지로 변환되어 타인의 귀를 진동시켜 의미를 전달하는 과정을 거치게 된다. 이처럼 말을 한다는 것은 매우 복잡한 체계와 과정을 통해 표현된다.

호흡을 통한 발동 과정 → 성대의 진동에 의해 조절되는 발성 과정 → 입술과 혀 등의 움직임으로 소리가 달라지는 조음 과정 → 말소리

▌ 내 의도와는 다르게 나오는 말

문제는 내 의도와 다르게 나오는 말들이다. 이는 생각과 개념이 말로 표현되는 과정에서 우리의 무의식적인 심리, 그동안 살면서 학습된 것, 환경적인 압력, 문화적인 배경 등이 개입될 수 있기 때문일 것이다.

그래서 우리는 본의 아니게 속마음과 다른 이야기를 하게 될 때가 있다. 때로는 의도했던 것과는 달리, 표현한 말이 비언어적 의사소통인 얼굴표정, 눈 맞춤, 스킨십 등과 함께 다양한 의미가 함축되어 표현됨으로써 두 가지 채널 사이에 불일치가 일어나는 경우도 있다. 이때 각각 다른 정보를 상대에게 전달하는 경우가 발생하는 것이다. 우리가 자신의 생각을 말로 표현하는 과정 곳곳에 의도와는 다르게 표현되고 전달될 수 있는 요소들이 있는 셈이다.

또 다른 예를 들어 보자. 표현이 서툰 남녀가 만났다. 두 사람은 첫 만남에서부터 호감을 느끼고 만남을 이어 갔다. 그러던 어느 날 남자는 3주간 외국 출장을 떠나게 됐다. 그는 돌아오면서 선물을

사 오겠다고 했으나 귀국한 날에는 전화가 없었고 그 다음날 정오
가 지나서야 전화가 왔다. 감기가 걸렸다고 했다. 여자가 몸이 아프
면 다음에 보자고 했더니, 남자는 내일은 꼭 나올 수 있다며 만나자
고 했다.

　다음 날 약속 장소에 늦게 나타난 그는 머리도 빗지 않았는지 부
스스하고 초라한 행색이었다. 급기야 급하게 나오느라 허리띠를 안
매고 왔다며 바지춤을 추켜올리고 있었다. 여자는 그런 모습에 당
황하지 않을 수 없었다. 그래서 여자는 자신도 모르게 불편한 심경
을 표현하게 되었고 그런 태도에 그도 점점 짜증을 내고 있었다. 그
리고 얼마 후 둘은 심하게 다투고 헤어졌다.

　남자와 그렇게 헤어지고 한참이나 세월이 지난 뒤에 여자는, 그
가 출장을 가서 심한 감기 몸살로 내내 고생을 했고, 그날도 몸이
많이 안 좋았지만 아픈 몸을 이끌고 나왔다는 사실을 주선자를 통
해 듣게 됐다. 또한 그는 당시에 개인적으로도 좋지 않은 일이 있었
다는 것이다.

　'오늘은 완쾌될 것이라고 생각했는데, 전혀 아니네요. 몸이 아프
니까 당신이 더 보고 싶어져서 보자고 했답니다.'라는 남자의 생각
은 순수하게 표현되지 못했다.

　그는, 지난 소개팅에서 만났던 여자는 내가 자주 감기에 걸려 골
골하는 모습을 보고 헤어지자고 했었다며 그동안 살아오면서 겪은
내용을 덧붙였다. 여기에 '장기간의 외국 출장으로 지치고, 시차적응
이 안 된 몸과 마음상태'라는 상황과 '눈에 아직까지도 붙어 있는 눈
꼽, 헝클어진 머리칼' 등의 표현 보조도구까지 함께 전달되면서 애초

의 의도와는 전혀 다른 상황이 되어 버렸다.

그가 애초에 하고 싶었던 말은 "내 평생 이렇게 독한 감기는 처음이네요. 그래도 나를 보고 싶어 할 것 같아 이렇게 아픈 몸을 이끌고 나왔습니다. 하하!" 정도였을 것이다. 하지만 이 말은 온전히 전달되지 못했고, 여자는 '몰골이 저게 뭐야? 평소에 저렇게 지저분한 사람인 줄 몰랐네. 아무리 그래도 나를 이렇게까지 무시하다니!'라고 받아들인 것이다.

앞의 두 남녀 이야기처럼 '저 사람이 무슨 뜻으로 이런 말을 한 거지?'라며 그 의도에 대해 궁금해하지만, 솔직하게 자신의 심중을 표현하지도, 파악하지도 못해 오해를 하고 상처를 입는 것이다.

고통을 잊게 해 주는 방어기제 '해리'

지난 일은 생각해 봐야 소용없다. 안타까운 것은 자신들의 감정과 생각을 충분히 말로 표현하지 못하고 서로를 이해할 기회를 아쉽게 흘려보냈다는 것이다. 이별이나 헤어짐과는 익숙해지지 않는 법이다. 물론 시간이 해결해 주지 않는 것은 없으므로, 억지로 고통스러운 감정이나 생각을 "떠나가라!"고 외쳐댈 필요는 없다.

이를 심리학에서는 '해리'라는 현상으로 설명할 수 있다.

살면서 다양한 경험을 하게 되는데 시간이 지난 뒤에 돌이켜 생각해 보면, 사건 내용은 기억나지만 그 당시의 생생했던 감정들은 떠오르지 않는 경우가 많다. 그 이유는 사건에 대한 정보가 기억에 저장될 때 사고와 정서라는 두 가지 과제가 통합되어 저장되는데, 만약 부정적인 정서가 있었다면 방어기제의 일종인 '해리'가 작용해 사고와 정서 간의 연결을 끊어 버리기 때문이다. 이러한 해리작용에 의해 자아는 불쾌한 정서가 되살아나는 일을 회피할 수 있고 스스로를 보호할 수 있게 된다.

2

진실 혹은 거짓

'사랑한다'는 말의 의미
책임지기

　상담실을 찾아온 태희는 지적이고 세련된 모습이었다. 가볍게 웨이브를 넣은 머리가 어깨를 살짝 가리고 있었고 얼굴은 갸름한 편이었다. 대체로 밝고 명랑한 성격으로 보였지만 상담이 진행될수록 감정의 기복이 심해졌고 때로는 멍한 표정을 짓고 있었다. 자신의 화를 못 이겨 주먹을 꽉 쥐거나 입술을 깨무는 행동을 보였다.

　"어디가 불편한 것처럼 보이네요?"

　"네, 갑자기 불쑥 화가 치밀어서 미칠 것 같아요. 어떤 때는 차를 타고 질주하다가 사고를 내고 싶은 마음이 들 때도 있어요. 불을 지르고 싶은 충동이 생길 때도 있고요. 제가 미친 것 아닐까요?"

　태희는 현재 교제 중인 남자가 있다. 그는 태희에게 다정하게 대해 주고, 태희도 남자친구에게 특별히 불만이 있는 것은 아니다. 문제는 태희가 불쑥 화가 치밀어 오르는 날이면 남자친구에게 그 화를 모두 풀어 버린다는 데 있다. 자신이 화가 난 이유가 남자친구에게 있지 않다는 사실을 알고 있는 태희는 한바탕 소리를 지른 후에는 미안한 마음과 후회가 밀려든다. 이런 일이 반복되면서 태희는 교제 자체에 혼란을 느끼고 있었다. 상담을 통해 문제의 원인이 지금의 관계가 아닌 그 전의 관계에 있다는 사실이 밝혀졌다. 태희는 지금의 남자친구를 만나기 전에 한 남자로부터 큰 상처를 받은 경험이 있었던 것이다.

재훈과 태희는 30대 초반 동갑내기로 같은 회사에 다니고 있다. 재훈은 활달한 성격에 유머감각도 풍부해 인기가 많은 데다 리더십도 겸비하고 있어 또래 동료들보다 회사에서의 위치도 확고하다. 태희는 평소 말도 잘 통하고 취향도 비슷한 그에게 호감이 있었다. 처음에는 좋은 친구 이상은 아니었다. 그는 결혼해서 아이가 둘이나 있는 유부남이었기 때문에 자연스럽게 그 이상 다가가지는 않게 되었던 것이다.

먼저 다가온 것은 오히려 그였다. 함께 어울리는 일이 잦아지면서 점점 더 가까워지고 있다고 느낄 무렵, 그는 분위기 좋은 곳을 알아 놨다며 함께 저녁 먹자는 말을 했다. 저녁 먹고 간단히 술 한잔 하는 정도의 제안이라고 생각하고 태희도 거부하지 않았다. 그렇게 몇 번 저녁 자리를 가진 후에 남자의 태도가 조금씩 바뀌어 갔다.

그는 직장 동료들 앞에서 태희가 자신의 이상형이라고 말하고 다녔고, 심지어 결혼을 안 했다면 프러포즈를 했을 것이라는 말까지 하기도 했다. 적잖이 당황해 있던 태희에게 그는 또 다시 저녁을 함께 먹자고 했다. 할 말이 있다는 것이다. 그리고 그날 저녁 재훈은 태희에게 "네가 너무 좋다. 네가 생각나서 밤에 잠을 이룰 수 없다."는 고백을 했다. 태희는 유부남의 고백을 기분 좋게 받아들일 수 없었다. 장난으로라도 그런 말 하지 말라며 그의 입을 막았다. 남자는 민망해하며 사과를 한 후 "다시는 이런 일 없을 거야."라고 말했다. 하지만 남자의 작업은 계속됐다.

아내와 이혼할 테니 기다려 달라는 말까지 나왔다. 어느 날 그는 술의 힘을 빌려 속내를 털어놨다. 자신의 아이가 많이 아파서 회사에서 일할 때나 집에 있을 때나 늘 아이 걱정에 마음이 편치 못하다는 것이다. 온 가족이 아이에게 매달려 있어 모두가 힘든 상황이라며, 그는 아내와도 사이가 좋지 못하다고 했다. 성격이 안 맞고, 대화도 잘되지 않아 지금은 거의 별거 상태라고 했다. 헤어지려고 몇 번이나 시도를 했지만 아이들 때문에 어쩔 수 없이 참고 살고 있다는 말이 이어졌다. 지금까지 열심히 살아왔고 친구들도 자신을 부러워하지만 정작 자신은 인생이 허무하기만 하고 전혀 행복하지 않다는 한탄도 쏟아 냈다.

태희는 그런 재훈이 안쓰럽게 느껴지기 시작했다. 연민의 정이 깊어지면서 그에게 도움을 주고 싶다는 생각도 들었다. 하지만 역시나 가정이 있는 남자와의 만남을 선택하기는 쉽지 않았다. 마음을 정리하기 위해 휴가를 내고 여행을 계획했다. 떠나는 날 그는 어떻게 알았는지 공항으로 달려와 태희를 붙잡고 "이혼하고 올 테니 기다려 달라."고 애원했다. 하지만 여행에서 돌아온 태희의 휴대전화에 남겨진 메시지는 "아이들 때문에 헤어질 수 없다. 나를 잊고 다른 사람 만나 잘 살아라."라는 말이었다. 일방적으로 연락을 끊고 돌변해 버린 그의 태도를 받아들이기 어려웠다. 직장에서도 일부러 자신을 피하는 것이 느껴졌다. "이야기 좀 하자."고 하면 오히려 "귀찮게 하지 말라."며 화를 냈다.

그때의 앙금이 쉽게 가시지 않아 새로운 교제를 하고 있는 현재까지도 영향을 주고 있는 듯했다. 한동안은 스스로의 행동을 자책

하며 무력감에 빠져 아무 일도 할 수 없었고, 사람 만나는 것도 회피했다. 시간이 지나면서 한 남자의 말장난에 놀아나긴 했지만 지금까지 열심히 살아왔는데 단 한 번의 실수로 모든 것을 포기하는 것은 어리석다는 생각이 들었다.

▌사랑=친밀감+열정+책임감

사람들에게 사랑이 무엇이냐고 물으면 대체로 "가슴이 설레고, 보고 싶고, 헤어지기 싫다."는 등의 이야기를 한다. 대부분 사랑이 주는 정서적인 느낌에 대한 기술들이다. 하지만 이것만을 사랑이라고 생각하기에는 부족하다. 『사랑의 기술』을 쓴 철학자 에리히 프롬Erich Fromm은 다음과 같이 말한다. "감정은 닥쳐 왔다 사라져 버리는 것이다. 어떤 사람을 사랑한다는 것은 결코 강렬한 감정만은 아니며, 그것은 의지이고 결단이고 약속이다."

심리학자 스턴버그Robert Sternberg는 사랑을 세 가지의 요소로 나눈다. 그 세 구성 요소는 친밀감Intimacy, 열정Passion 그리고 책임Commitment이다. 친밀감은 연결감, 유대감, 따뜻한 느낌이고, 열정은 사랑하는 사람과 결합하고자 하는 뜨거운 느낌이다. 연인 사이에서는 이러한 열정이 대개 성적인 욕구로 표출된다. 마지막으로 책임은 차가운 느낌으로, 관계를 지속하기 위해 책임을 지려는 마음가짐이다.

재훈이 태희에게 느낀 것은 아마도 '친밀감'과 '열정'이 아니었을까 싶다. 그러나 관계를 유지하기 위해 그 어떤 '책임'도 질 수 없었기 때문에 사랑은 유지될 수 없었다.

남자는 '너를 사랑하지만, 너에게 아무것도 해 줄 것이 없어. 네가 나를 사랑한다면 나를 이해하고 떠나 줘. 우리 서로 사랑했으니 아름답게 기억하고, 쿨하게 좋은 친구로 남자.'라는 생각이었을지 모른다. 그러나 여자는 '네가 나를 사랑한다면서 어떻게 나를 이렇게 쉽게 버릴 수 있어? 사랑한다면 이렇게 무책임하게 행동할 순 없어. 적어도 네 행동에 대해서 나한테 미안해하고 내 화가 풀릴 때까지 기다려 줬어야 해. 그러니까 넌 나를 사랑한 게 아니야.'라고 생각하고 있는 것이다.

이미 결혼을 한 재훈은 태희에게 사랑의 감정을 느껴서는 안 되며 그런 감정을 표현해서도 안 되는 것이었다. 그는 책임질 수도 없는 말과 행동을 한 것이다. 그는 태희에게 "이미 끝난 일 가지고 왈가왈부하지 말라. 내가 순간적으로 제정신이 아니었다. 너를 보는 것이 부담스러우니 회사에서도 나를 아는 척하지 말라."며 화를 냈다.

그런 재훈을 보면서, 태희는 '그래도 내가 한때 사랑했던 사람이었는데, 저런 사람을 내가 좋아했었던가?' 하며 허탈감에 휩싸였다고 한다.

█ '용서'는 상호적인 것

태희와의 상담은 개인적인 사정으로 오래 진행될 수 없었다. 마지막 상담을 하는 날 그녀는 "그럼 제가 그를 용서해야 하는 건가요?"라고 물었다. 누구를 위해서가 아니라 자신을 위해서 용서하라고 말해 주었다. 아직 마음의 준비도 안 된 사람에게 용서를 강요해서는 안 되며, 용서는 일방적인 것이 아니다.

영화 〈밀양〉(이창동 감독, 2007)에서 전도연이 연기한 신애는 자신의 아이를 죽인 범인을 용서하기 위해 그를 만난다. 그런데 그는 이미 자신이 하나님으로부터 용서를 받았다면서 너무나 편안한 상태로 지내고 있었다. 이에 신애의 분노는 극에 달한다. 신애가 분노를 느끼는 것은 당연하다. 범인을 용서하기까지 얼마나 힘들었는데, 겨우 마음을 정리하고 용서를 해 주고자 하니까 정작 그 범인의 마음에 죄책감이 없다면 어떻겠는가.

용서는 상호적인 것이다. 나에게 상처를 준 누군가가 나에게 용서를 구하지 않는 한, 용서는 없다. 태희의 입장에서는 재훈의 존재가 더 이상 그녀에게 고통을 주지 않고 편안한 마음 상태가 되는 것이 우선이다.

처음에는 아름답던 사랑이 끝에 가서 추악해지는 것은 대부분 책임져야 할 것을 책임지지 않기 때문이다. 한때였지만 열정과 친밀감으로 묶였던 사랑의 감정은 쉽게 사라지지 않는다. 그래서 괴롭다. 그러나 사랑이 완성되려면 어떤 형태로든 결과를 받아들이고 책임지려는 행동이 있어야 한다. 실제로 사랑이 변한다기보다는 한 인간에 대한 믿음과 신뢰가 무너지는 것이다.

사랑은 받는 것만이 아니라 동시에 주는 것임을 고려할 때, 분명 사랑은 능력이다. 그래서 프롬은 "사랑은 배우고 익혀야 하는 기술이며, 지식과 노력이 필요하다."고 일찍이 역설한 바 있다.

사랑의 능력은 근본적으로 부모와 자녀 사이에서 발생하는 '애착의 질'에 달려 있다. '애착이론'의 창시자 존 볼비John Bowlby는 이러한 애착이 생의 초반에 형성되어 전 생애에 걸쳐 정서적으로 친밀한 관계를 형성하는 데 영향을 미친다고 보았다. 애착은 부모와 자녀 사이의 정서적 유대감과 결속감을 의미한다. 따라서 부모와 안정적인 애착을 형성한 아이는 성인이 돼서도 안정된 인간관계를 형성할 확률이 높다.

그렇다고 생애 초기에 형성된 애착이 결정적이라고 할 순 없다. 기회는 항상 있다. 어려서 불안정한 애착을 형성했다고 해서 앞으로도 그럴 것이라고 단정 지을 필요는 없다.

▌열정의 동력 '테스토스테론'

태희는 마지막으로 이런 말을 했다.

"누구나 실수는 할 수 있다고 생각해요. 나도 잘했다고 할 수는 없으니까. 그래도 조금은 미안한 감정이라도 갖고 살기를 바랐어요. 그런데 오히려 나한테 화를 내면서 이상한 사람 취급하고 나 때문에 피해라도 입을 것처럼 도망치는 모습을 생각하면 아직도 기가 막혀요. 누가 나 좋아해 달라고 했나? 적어도 사랑이라는 말을 그렇게 쉽게 함부로 쓸 수 있는 것이라고 생각하지 못했어요. 너무 쉽게 사람의 말을 믿은 거죠. 제가."

최근 그녀로부터 연락이 왔다. 상담 후 일도 잘하고 있고 만나던 사람과 결혼도 했다고. 정말 갖고 싶던 아이도 갖게 됐다는 기쁜 소식도 함께 전했다.

문득 재훈은 어떻게 지내고 있을지 궁금해졌다. 그녀가 다른 사람과 행복하게 사는 모습을 가까이서 지켜보면서 어떤 생각을 할까?

자신의 아이나 아내를 욕하면서 "사는 게 힘들고 재미없다." "어쩔 수 없이 산다." 등의 이유를 대면서 접근하는 남자가 주변에 있다면 경계의 시선으로 봐야 한다. 그들의 말은 사랑이 아닌 열정만 취하고 싶은 것일 수도 있다. 그저 수컷으로서 자신의 아름다움을 다시 한 번 확인해 보고 싶은 마음일지 모른다. 불꽃처럼 쉽게 타오른 열정 뒤에 남는 것은 인간에 대한 배신감뿐이다. 이런 열정은 그리 오래가지 않기 때문이다.

알려진 것처럼 남자는 자신의 유전자를 보다 많은 여성을 통해 남기고 싶어 하는 본능이 강하다. 남자에게 분비되는 '테스토스테론'이라는 호르몬은 남성의 이성을 종종 마비시키기도 한다. 바람피우고 있는 남자들, 오해는 마시라. 그저 생물학적인 동물적 본성만을 반영한다면 그렇다는 것이다.

이 호르몬의 왕성한 분비는 남자의 열정을 더욱 불타오르게 한다. 테스토스테론은 남성을 더욱 공격적이고 목표지향적으로 만든다. 이 호르몬은 남성이 마음에 드는 여성을 만났을 때 매우 공격적으로 그녀에게 구애를 할 수 있도록 하는 동력을 제공한다.

'이 여자를 내 여자로 만들겠다.'는 생각으로 밤에 잠을 이루지 못하고 그녀가 있는 곳을 배회한다. 상대의 환심을 사기 위해 선물 공세를 하고 "사랑한다."고 고백한다. 이때 남자들이 말하는 사랑 은 한 여자의 환심을 사기 위한 목적에 부합하는 말일 뿐이다.

남자는 여자에 비해 정서와 이성중추가 잘 연결되어 있지 못하 고 여성보다 테스토스테론의 지배를 더 강하게 받는다. 남자가 더 충동적인 것은 이 때문이다. 이에 비해 여자는 정서와 이성중추가 잘 연결되어 있고 테스토스테론의 영향을 덜 받기 때문에 침착함을 보다 잘 유지할 수 있다. 심지어 헤어지는 상황에서도 극단적인 상 황은 피하려는 경향이 강하다.

여자에게 중요한 것은 일시적이고 충동적인 감정보다는 오랫동 안 유지될 수 있는 친밀감과 유대감, 안정감이다. 수천 년 동안 여 자는 가정에서 아이들을 키워야 하는 입장이었기 때문에 오랫동안 책임감 있게 자신을 지켜 줄 남자가 필요한 것이다.

결국 재훈이 태희에게 말한 사랑이라는 것은 한때의 열정이 전 부일지도 모른다. 그는 시간이 지남과 동시에 그러한 열정이 사라 지면서 자신의 현실을 다시 자각하게 되었을 것이다. 그때서야 자 신이 한 말을 주워 담고 다시 원래 상태로 돌이키고 싶었을 것이다.

미혼의 여성 CEO가 있는데, 사업을 하다 보면 본의 아니게 여러 사람들과 어울리게 된다고 한다. 그중 많은 유부남들이 자신에게 고백을 해 온다고 한다. 그러지 말라고 화를 내도 안 되면 최후의 수단으로 그 유부남의 집에 전화를 건다는 나름의 비법을 살짝 알 려 주었다.

사랑은 한때의 감정이 아니라 끊임없이 지키려고 노력하는 자에게만 어울리는 이름이 되어야 한다. 자신이 말한 사랑의 맹세는 시간이 흘러도 끝까지 지킬 수 있어야 한다. 급하게 서두르지 말고 기다려 보라. 그 사랑이 변하는지 아닌지.

아무튼, 일에 취하든 사랑에 취하든 술에 취하든 그저 맨 정신으로 살기엔 가끔 삶이 너무 버겁다.

'맥주 한잔 하기에 정말 좋은 날이다!'

무조건 'YES'라는 말에 속지 말 것
수동공격성

영애는 굉장히 유순하고 부드러운 여자다. 말투도 조곤조곤하고 남에게 싫은 소리 한번 못하는 얌전한 성격이다. 부드러운 태도 때문에 쉽게 친해질 수가 있었는데, 매우 내성적이고 타인에 대한 험담을 하거나 언성을 높이는 일도 거의 없다.

미술을 전공한 영애에게 내 초상화를 그려 달라고 부탁한 적이 있다. 영애는 흔쾌히 연습장에 그림을 그리기 시작했다. 하지만 잔뜩 기대를 하며 기다리고 있는 내게, 영애는 우물쭈물하더니 나중에 다 그리면 주겠다고 했다. 며칠을 기다려도 답이 없어 영애를 만날 때마다 다 됐냐고 물어봤다. 그때마다 영애는 "어, 그거, 나중에……."라며 애매한 태도를 보였다. 그 후에도 나는 영애에게 몇 번 그림을 부탁했고 그때마다 영애는 늘 알았다며 수줍은 듯 웃어 보였다. 하지만 영애가 학교를 졸업할 때까지 결국 초상화를 받지 못했다.

알고 보니 영애는 다른 사람이 어떤 이야기를 하더라도 그 사람 앞에서는 절대 부정적인 의사표현을 하지 못하는 성격이었다. 타인의 부탁 외에도 자신의 과제나 일에 대해서도 최대한 미루고 미루다가 겨우 완성을 하거나 혹은 완성하지 못하기도 했다.

영애처럼 본인이 내키지 않는 일에 대해 솔직하게 거부 의사를 표현하지 못하고 대신 수동적으로 그 일을 완성하지 못함으로써 타인을 공격하는 것을 '수동공격성'이라고 한다. '공격성' 앞에 '수동'이 붙은 이유는 이런 사람은 공격적인 성향을 직접 드러내지 않으려 하기 때문이다. 최대한 공격적인 성향을 드러내지 않으면서 상대방이 눈치채지 못하게 행동한다는 것이 중요하다. 그러나 이러한 수동공격은 부메랑이 되어 자신에게도 이롭지 않은 결과로 돌아온다.

아주 가끔은 자신보다 막강한 상대에게 대응할 때 유용하게 사용될 수도 있다. 누군가 무리한 요구를 해 올 때, 거절하면 관계가 불편해질 것 같아 고민하다가 알았다고 대답만 해 놓고 시간을 질질 끄는 것이다. 운이 좋다면 상대가 어느 순간 포기해 버린다. 자주 사용하면 밉상으로 찍힐 테니까 아주 가끔만 사용하는 것이 좋을 듯하다.

또 다른 예를 들면, 부모가 자녀에게 공부하라고 잔소리를 하면, 자녀는 부모 앞에서만 알았다고 대답하고 자기 방으로 들어가서는 과제나 공부를 최대한 미루고 컴퓨터 게임에 몰두한다. 부모 앞에서 공부하기 싫다는 말을 직접적으로 표현했다가는 혼날 것이 두려워 이런 수동적인 행동을 하는 것이다. 숙제나 공부를 미루는 행동은 간접적으로 어머니에 대한 불만을 표출하는 것으로 해석할 수 있다.

수동공격성이 강하다면, '수동공격성 인격장애Passive-Aggressive Personality Disorder'를 의심해 볼 수 있다. 이는 청소년기에 시작되는 것으로 알려져 있는데 적절한 행동에 대한 요구에도 거부하는 태도를 보이며, 수동적 저항을 하는 것이 특징이다. 이 장애를 가진 사람은 대체로 저항 때문에 기대 수준에 미치지 못하는 성과를 낸다. 저항의 양상은 꾸물거림, 잊어버림, 고집부리기, 비능률적으로 행동하기 등으로 나타난다.

▌ 부탁을 거절하면 사람들이 싫어할까

영애의 경우도 속마음에서는 타인의 부탁이 부담스럽고 거부하고 싶었을 것이다. 그러나 솔직하게 말했다가는 그 사람이 자신을 싫어하고 부정적으로 볼 것 같다는 생각이 있기 때문에 앞에서는 거절하지 못하고, '울며 겨자 먹기'식으로 "YES"라고 할 수밖에 없었던 것이다. '내가 부탁을 거절하면 상대방이 나를 무조건 싫어하게 될 것이다.'라는 영애의 비합리적인 생각이 상대방으로 하여금 믿음을 잃어버리게 하는 부정적인 결과를 초래하고 말았다.

영애와는 여전히 좋은 관계를 유지하고 있다. 지금은 가능하면 그 친구에게 부탁을 하지 않는다. 도와 달라는 말 자체가 부담을 준다는 것을 알고 있기 때문이다. 만약 부탁을 하게 되는 일이 생겨도 결과물에 대해서는 받아도 그만 못 받아도 그만이라는 가벼운 마음으로 이야기한다. 그리고 힘들면 굳이 하지 않아도 된다는 말을 덧붙이면 영애는 한결 가벼운 표정이 되거나 못 할 수도 있다고 솔직하게 말하곤 한다.

▌감정형의 사람들은 'NO'라고 말하기 두렵다

MBTI(성격유형) 검사에서 '감정형'으로 분류되는 사람은 '관계지향성'이 강하다. 그들은 우선 사람을 배려하고 정서적으로 깊이 공감하는 능력이 탁월하다. 행동이 친절하고 표정도 따뜻한 사람들이 많다. '감정형'의 사람은 사람들과의 관계 속에서 도움을 주는 일을 즐겨 하며 주변 사람과 함께 보람차게 살아간다. 또한 끊임없이 타인으로부터 관심과 애정을 확인하려고 든다. 반대로 혼자 있는 상황에서는 일에 대한 의욕도 떨어지고 외로움을 잘 타며 사람들에게 상처도 잘 받는다. 반대로 '사고형'의 사람들은 이런 감정형의 사람을 대할 때 다소 '피곤하다' 혹은 '부담스럽다'라고 느낄 수 있다.

감정형 남자와 사고형 여자가 연인일 경우 이런 상황이 벌어질 수 있다. 남자가 여자에게 전화를 하면 여자는 "무슨 일이야?"라고 묻는다. 남자는 "우리 사이에 꼭 일이 있어야 전화하나. 그냥 궁금하고 보고 싶어서 했지."라고 대답한다. 여자는 남자의 말에 별일도 없는데 전화해서 무슨 이야기를 하자는 건지 다소 불편하다. 이 여자에게 전화를 건다는 행위는 할 말이 있을 때 '용건만 간단히' 하는 것이다. 사고형은 원칙을 중요시하고 논리적이며 객관적인 판단을 추구한다. 그래서 친한 사이라도 원칙을 내세우다가 사이가 멀어지는 경우가 종종 있다. 감정형 사람들이 사고형 사람들을 다소 딱딱하고 인정머리 없다고 느끼는 이유가 바로 여기에 있다.

물론 사람을 감정형과 사고형의 이분법으로 나누는 데는 무리가 있다. 심리학자 융Carl Gustav Jung은 사람마다 잘 발달되어 있는 기능과 덜 발달한 기능이 있고, 나이를 먹으면서 상반된 두 측면이 조화를 잘 이루는 것이 중요하다고 말한다.

성격이라는 것이 과연 존재하는가

대학생 시절 처음 읽은 성격심리학 책에 나온 구절이다. 만약 성격이 존재하지 않는다면 개개인의 차이점을 특징짓기가 힘들 것이다. 또한 한 사람에 대한 동일한 평가기준이 없다면 그 사람의 다음 행동을 예측하고 대처하기 어렵다.

성격은 개인의 비교적 일관되고 안정적인 반응 경향성 행동 패턴이다. 이를 통해 그 사람의 행동을 이해하고 예언할 수 있으며, 이를 위해선 일관성과 안정성이라는 요소가 필요하다. 만약 잘 아는 누군가의 성격이 하루아침에 180도 변해 버리면 그의 정신이 온전한 상태인지를 의심하게 될 것이다. 구두쇠 스크루지 영감이 하루아침에 자선사업가가 된다면 주변에서는 다들 그가 미쳤거나 다른 의도가 있다고 생각할 것이다.

사람은 잘 변하지 않는다

성격이 너무 쉽게 변해서는 안 되지만 그렇다고 변하지 않으면 상황에 적절하게 적응하지 못한다. 그러니까 변화하되 변하지 않는 것이 성격이라고 할 수 있다. '자기'라는 일관되고 동일한 무언가가 존재하되 성장을 위한 방향으로 끊임없이 변화를 추구해야 한다.

나는 독립적이고 자기주도적이며 성취지향적인 편이다. 타협하거나 굽히지 못하는 탓에 유연하지 못하다는 말도 종종 듣는다. 자신의 성격을 잘 파악하는 것이 중요한데, 나는 그다지 수용적이거나 공감능력이 높지 않다는 것을 잘 알고 있다. 그보다는 객관적이고 분석적인 것을 좋아하며, 때로는 냉정하고 단호하다. 특히 치료자나 상담자를 대할 때는 객관적이고 냉정하게 상황을 파악할 수 있어야 한다고 생각한다. 치료나 상담을 받으러 오는 사람들은 무조건적인 지지만을 바라지는 않는다. 그들은 자신들이 보지 못하는 면을 냉철하게 판단해 주는 전문적인 조언 역시 바란다.

▌ 'YES'만을 외치는 사람들

집단 심리 상담에 참여한 적이 있다. 나를 포함해 13명 정도가 참여했는데, 돌아가면서 무대로 나와 자신의 과거를 이야기하는 식으로 진행됐다. 상담 장소는 금세 눈물바다가 됐다. 나는 그날 몸 상태가 좋지 않아 앉아 있기조차 힘들었지만 집단의 미묘한 분위기를 느낄 수 있었다. 사고형인 내가 감정형 사람들과 함께 많은 시간을 보낼 수 있었던 것 자체가 색다른 경험이었다.

나와는 다르게 참가자들은 '공감능력'이 매우 뛰어난 사람들이었다. 마치 자신의 이야기인 것처럼, 자신이 그 상황에 있는 것처럼 울고 웃으며 함께했다. 공감능력이 그 정도로 높지 않은 내게는 참으로 놀라운 경험이었다. 왠지 나만 다른 별에서 온 것 같은 느낌이 영 찜찜하긴 했지만 나와는 다른 사람들과 함께한다는 것이 그런데

로 재미있었다.

참가자 중 키가 150㎝ 정도 되고 얼굴이 작고 귀엽게 생긴 여자가 있었다. 가장 나이가 어려 보였고, 보이시한 스타일로 언뜻 남자처럼 보이기도 했다. 그 여자에게 "처음엔 남자인 줄 알았다."고 말했더니 기분이 나쁘다며 발끈했다. 일부러 보이시하게 꾸민 줄 알았는데 아니었나 보다.

여자가 화를 내니까 주변에서 자기들도 그렇게 말했는데 실수한 것 같다며 사과를 하기 시작했다. 한두 번은 괜찮았다. 그런데 미안하다는 말이 계속 이어지니까 듣기가 거북해졌다. 듣기 좋은 이야기만 오가야 하고, 부정적인 감정을 표현하면 무언가 잘못되어 가는 듯이 황급히 바로잡으려고 하는 집단의 일방적인 분위기가 거슬렸던 것이다.

울컥하는 마음에 "좋은 소리만 해야 한다면, 난 이제부터 아무 말도 안 하겠다."라고 선언을 해 버렸다. 물론 분위기는 썰렁해졌다. 하지만 잠시 후에는 실은 자기도 그렇게 생각한다며 내가 그렇게 말하니까 속이 후련하다고 맞장구를 쳐 주는 사람도 몇 있었다. 집단의 보이지 않는 힘 때문에 때로는 "NO"라고 생각하는 것도 "YES"라고 말해 버리는 일도 있는 것이다.

주변에 무조건 "YES"만을 외치는 사람이 있다면 그 대답 뒤에 그 사람의 행동이 실제로 뒤따르는지 아닌지를 보라. 그 사람이 수동 공격적 성향을 가졌는지의 여부를 알 수 있을 것이다. '언행일치'는 예부터 내려온 고유의 미덕이며 타인에게 가장 신뢰감을 심어 줄 수 있는 덕목이다. 자신을 제대로 알아야 언행일치를 실행할 수 있다. 자기 자신이 타인의 부탁을 거절하지 못하고 끙끙 앓기만 하는 성격이라면 언행불일치 이면에 무의식적으로 어떤 생각을 하고 있기 때문인지 진지하게 생각해 볼 필요가 있다.

거절하기 부담스러운 상황이라면, "잠시 생각할 시간을 주시겠어요?"라고 한 템포 여유 있는 상황을 만들어 보는 것도 좋을 것이다. 이런 말을 들었다고 상대방이 거절당한 느낌을 받지는 않을 것이다. 오히려 무조건적인 YES라는 대답보다는 신중하고 신뢰가 간다고 느낄 수도 있다. 그러나 그 생각할 시간이 너무 길어지거나 연락이 단절된다면 곤란하다. 이것도 수동공격에 해당하기 때문이다.

나는 감각형일까 직관형일까?
— MBTI 성격검사 이론 —

MBTIMyers-Briggs Type Indicator는 융의 '심리학적 유형Psychological types' 이론에 근거한 것으로 현재 매우 널리 쓰이고 있는 성격 유형 검사의 하나다. 융은 각 개인이 외부로부터 정보를 수집하고(인식), 자신이 수집한 정보에 근거해서 행동을 위한 결정을 내리는 데 있어서(판단) 각 개인이 선호하는 방법이 다르다고 보았다. 그는 이 경향성을 일반적인 태도에서 보이는 '내향적 태도와 외향적 태도', 정신기능을 중심으로 하는 '감각과 직관' 및 '사고와 감정'의 기능으로 분류하고 있다.

마이어스Myers와 브리그스Briggs는 MBTI를 개발하면서 융이 간략하게만 언급하고 넘어간 JP지표도 하나의 독립된 지표로 첨가했다.

융은 인간이 자신의 선천적 경향을 알고 활용할 때 심리적인 쾌감이 오지만 그렇지 않을 때는 심리적인 탈진감이 올 수 있다고 보았다. 그러므로 자기의 타고난 선호 방향을 따라 익숙하게 살아갈 때 그 반대 방향 역시 개발할 수 있으며, '자기실현'은 자기 속에 묻혀 있는 것을 개발해 통합하는 것으로 의식과 무의식의 통합 과정이 개인의 성숙 과정이라고 보았다.

MBTI의 네 가지 선호지표

외향(E) Extroversion	에너지의 방향 (주의 초점)	내향(I) Introversion
감각(S) Sensing	정보수집(인식의 기능)	직관(N) Intuition
사고(T) Thinking	판단과 결정(판단의 기능)	감정(F) Feeling
판단(J) Judging	이해 양식(생활 양식)	인식(P) Perxeiving

1. 외향성Extroversion–내향성Introversion

외향성의 사람은 주로 외부세계를 지향하고 외부의 사람이나 사물에 초점을 맞추며 바깥 활동을 선호한다. 이들은 행동지향적이고, 솔직하고 사교성이 많고 대화를 즐긴다.

내향성의 사람은 내적 세계를 지향하므로 자기 내부의 개념Concept이나 생각 또는 이념Idea에 더 관심을 둔다. 관념적 사고를 좋아하고, 주로 생각하는 활동을 즐긴다.

2. 감각형Sensing—직관형Intuition

감각형의 사람은 현재 상황에서 주어진 것을 수용하고 처리하는 경향이 있으며 실제적이고 현실적이다. 자신이 직접 경험하고 있는 일을 중시하며 관찰능력이 뛰어나고 세세한 것까지 기억을 잘하며, 구체적이고 순서에 입각해서 차근차근 업무를 수행해 나가는 성실 근면형이다. 하지만 세부적이고 구체적인 사실을 중시해 전체를 보지 못할 수도 있다.

직관형은 이면에 감추어져 있는 의미, 관계 가능성 또는 비전을 보고자 하며 전체를 파악하고 본질적인 패턴을 이해하려고 애쓰며 미래의 성취와 변화, 다양성을 즐긴다. 상상력이 풍부하고, 이론적이고, 추상적이고, 미래지향적이며 창조적이지만, 실제적, 현실적인 면이 부족하다.

3. 사고형Thinking—감정형Feeling

사고형의 사람은 원칙에 입각하여 판단하며, 정의와 공정성, 무엇이 옳고 그른가에 따라 판단하기 때문에 인간미가 적다는 말을 들을 수 있으며, 객관적 기준을 중시하는 과정에서 타인의 마음이나 기분을 간과할 수 있다.

감정형은 친화적이고, 따뜻하고 조화로운 인간관계를 중시하기 때문에 객관적인 기준보다는 자기 자신과 다른 사람들이 부여하는 가치를 중시하여 판단을 한다. 즉, 자기 자신이나 타인에게 어떤 영향을 줄 것인가 하는 점을 더 중시하며, 원리 원칙보다는 사람의 마음을 다치지 않게 하는 데 더 신경을 쓰기 때문에 사람과 관계된 일을 결정해야 할 때 우유부단해질 수 있다.

4. 판단형Judging—인식형Perceiving

판단형의 사람은 계획을 짜서 일을 추진하고 미리 준비하고 정한 시간 내에 마무리하는 것을 좋아하고, 외부행동에서도 빈틈없고 단호하며 목적의식이 뚜렷하다.

인식형은 상황에 맞추어 자율적으로 살아가기를 원하고 자발적이고 호기심이 많고 적응력이 높으며, 새로운 사건이나 변화를 추구한다.

판단형은 일단 일을 시작하면 마무리를 해야 하는 반면, 인식형은 한꺼번에 여러 가지 일을 벌이지만 뒷마무리가 약하다. 판단형은 인식형을 게으르고 답답하게 보며, 인식형은 판단형을 성급하고 조급하다고 보는 경향이 있다.

출처: 최정윤(2006). 『심리검사의 이해』 참조

확실히 내 팔자는 사납다
부정왜곡 극복하기

중학교 동창인 승호와 도현이 오랜만에 만나 술잔을 기울이며 회포를 풀고 있다. 둘은 학창시절 못 말리는 장난꾸러기였지만 20대 초반이 된 지금은 둘 다 풀이 죽은 모습이다. 서로의 고민을 털어놓으며 더 가까워진 두 사람이 자주 하는 말이 있다.

"난 정말 운이 없어. 뭘 해도 안 돼. 팔자가 왜 이런지 모르겠어."

이들은 어떤 질문을 해도 대부분의 대답은 "없어."이거나 "싫어."다. "하고 싶은 일이 뭐야?" "없어." "아르바이트라도 해 보는 건 어때?" "싫어." "정말 좋아하는 게 없어?" "없어." "하다못해 좋아하는 연예인이라도 있을 거 아냐." "없어, 정말 없어." 이런 식이다.

▌ 사고(생각)는 표현되지 않은 내적 언어

부정적 언어 이면에는 부정적 사고가 자리 잡고 있다. 두 사람이 갖고 있는 생각은 대략 '나는 운이 나쁘다. 그러니까 노력해 봐야 소용없다.' '세상은 불공평하다.' '안 되는 놈은 뭘 해도 안 된다.' 이렇게 정리된다. 이런 생각을 가지고 있으면 좋은 일이 생겨도 이런 생각들에 곧 빠지기 때문에 긍정적인 생각을 펼치기 어렵다. 한두 가지 현상을 보고 모든 것이 다 그럴 것이라 믿어 버리는 현상을 인지행동주의자들은 인지적 왜곡 중 '과잉 일반화'라고 한다. 이들은 한 번의 실패를 모든 것의 실패라고 단정 짓는 과잉 일반화의 오류를 범하고 있는 것이다. 부정적인 시각으로만 세상을 바라보기 때문에 모든 현상이 다 부정적으로 보이는 현상을 '부정왜곡'이라고 한다. 검은색 선글라스를 끼고 "날이 왜 이렇게 어두운 거야?"라고 말하는 것과 같다.

물론 현실을 지나치게 긍정적으로만 바라보는 것도 문제다. 이런 것을 반대로 '긍정왜곡'이라고 하는데, 힘들고 어려운 현실을 회피·외면하고 좋은 것만 바라보려는 것이다. 만화영화 〈들장미 소녀 캔디〉의 주제가를 예로 들어보자. "외로워도 슬퍼도 나는 안 울어…….'라는 가사가 나온다. 캔디는 슬퍼도 웃고 좋아도 웃는다. 외롭고 슬프면 울고 누군가가 괴롭히면 화도 내야 그게 정상이다. 심리적으로 건강한 사람들은 '희로애락'의 기본적인 정서를 적절히 상황에 맞게 표출한다. 그렇지 못할 때 문제가 생기는 것이다. 그런 면에서 본다면 캔디의 지나치게 낙관적인 성격은 '긍정왜곡'이 만들어 낸 것이라 할 수 있다. 물론 이런 왜곡이 없었다면 캔디는 그 상황을 견디기가 힘들었겠지만.

주변 환경과 세상에 대해 늘 부정적인 생각들로 가득 찬 도식을 갖고 있으면 스트레스가 많을 수밖에 없다. 부정적인 인지적 도식('나는 운이 나쁘다. 그러니까 노력해 봐야 소용없다.'는 식의)은 정서에도 부정적인 영향을 미친다. 이런 자동적이고 부정적인 사고를 바꾸는 것을 통해 문제를 해결할 수 있다.

▌ 나를 괴롭히는 역기능적 신념에 도전하기

부정적인 사고를 밑받침하고 있는 왜곡된 개념과 역기능적 신념인 도식Schema을 찾아내고 현실에 비춰 왜곡된 인지를 바로잡는 인지 치료가 있는데 이는 다음과 같은 단계로 진행된다.

부정적이고 자동적인 사고가 무엇인지를 알아내고 이런 왜곡되고 자동적인 사고에 대해 반대되는 증거를 찾아낸다. 이후에 잘못돼 있는 인지를 보다 현실적이고 객관적인 해석으로 대체한다.

스머프 마을에 사는 투덜이스머프처럼 무슨 일이건 부정적인 시각으로 바라보면 기쁜 일이 생겨도 그 기쁜 일 중 단 한 가지 부정적인 점만을 찾아내어 투덜대는 일이 반복된다. 반대로 낙관적인 사람은 슬픈 일 중에서도 희망적인 부분을 찾아내는 재주가 있고 자신과 삶에 대한 만족도 또한 크다. 긍정적인 방식으로 자신을 평가하기 때문에 인생에서 중요한 일을 외부 환경에 영향을 받기보다 스스로 해낼 수 있다고 믿게 되는 것이다. 이런 사람은 사회적 상호작용 또한 활발하며 희망과 긍정적 기대로 미래를 바라볼 수 있다.

흔히 하는 말 중에 "행복해서 웃는 것이 아니라 웃으면 행복해진다."라는 말이 있다. 행복은 주어진 환경이 결정하는 것이 아니라 환경을 평가하는 나 자신이 만들어 내는 것이다. 현재 기분이 우울하다고 해서 부정적인 생각과 말을 달고 산다면 앞으로 올 수 있는 희망의 기회조차 부정해 버리는 것이 된다.

물론, 검은색 선글라스 대신 무조건 장밋빛 안경을 쓰고 맹목적으로 낙관적인 말만 해대는 것도 공허한 외침일 뿐이다. 하지만 진정한 낙관주의자들은 비관주의자보다 부정적인 답변과 건강에 대한 안 좋은 소식을 더 잘 받아들인다고 한다. 이들은 인간관계의 어려운 문제들 또한 잘 직면한다. 이들은 '무조건 잘될 거야.'라는 믿음이 아니라 현실을 정확하게 파악한 뒤에 긍정적인 기회를 만들기 위한 낙관적인 시각을 갖고 있는 것이다.

편향된 낙관주의나 비관주의는 둘 다 현실을 객관적으로 바라보지 못하게 하고 무의식적인 도식을 만들어 사람을 무기력하게 만들 수 있다는 점이 중요하다. 자신의 입버릇 중에서 이러한 비합리적이거나 부정적인 도식이 있다면 빨리 알아차려야 한다.

▌부정적인 생각이 상황을 더욱 부정적으로 만든다

물론 오랜 기간에 걸쳐 형성된 자동적이고 습관화된 생각은 쉽게 바뀌지 않는다. 최근 우울증으로 자살 시도를 한 경험이 있는 성인 남자와 상담을 진행한 사례가 있다. 그의 지배적인 생각 중 하나가 바로 '나는 살 필요가 없다. 난 가치가 없는 놈이다.'라는 것이었다.

상담을 통해 활기를 찾는 듯 보였으나, 3회기 이후 결국 그와의 상담은 종결됐다. '상담해 봤자 무엇이 달라지겠느냐.'는 생각에서 벗어나지 못하고 있는 듯했다. 안타깝기도 하고 또 다시 자살 시도를 하지 않을까 우려되어 약물치료라도 받을 것을 그의 가족에게 권했다. 그 후 그의 가족은 최근 많은 호전을 보이고 있다며 감사하다는 인사를 보내기도 했다. 가족의 지지가 없었다면 힘들었을 것이다.

나 자신에게도 이런 부정적이고 역기능적인 생각이 만연돼 있지는 않은지 점검해 보는 것이 필요하다. 심각할 경우 전문가에게 도움을 요청하는 것이 좋다.

부정적인 사고를 긍정적인 대안 사고로 바꾸기!

생각하는 관점에 따라 모든 것은 달리 보일 수 있다. 그러나 우울한 상태에서는 긍정적인 면보다는 부정적인 면에 초점이 맞추어져 있고, 그러한 부정적인 생각은 긍정적인 경험을 할 기회를 허락하지 않는다. 달라질 것이 없다면 노력하지 않는 것이 경제적이다. 그러나 관점을 달리하고 노력을 하면 생각보다 많은 것들이 달라진다.

부정적 생각들이 얼마나 정확한지를 따져 봐야 한다. 이 상황에서 다른 해석이 가능한가? 얼마나 객관적인가? 논리적인가? 과연 이런 생각이 나에게 도움이 되는가? 등등.

예를 들어, 자신이 유머감각이 없다고 생각하는 사람이 있다고 가정해 보자. 그 사람은 평소 '난 참 재미없는 놈이야.'라고 생각하고 있을 수 있다. 그러나 유머감각은 상대를 웃기는 능력과 함께 상대방 말의 의미를 이해하고 상대가 웃기려고 하는 의도에 맞게 웃어 줄 수 있는 감각 또한 필요로 한다. 남의 말을 이해하지 못하는 사람이 남을 웃길 수 없으니까 말이다. 잘 웃을 수 있는 것이 유머의 시작이라고 해도 과언은 아닐 것이다. 유머의 가치는 누가 누구를 웃기냐의 문제가 아니라 즐거움을 같이 공유하는 데 있다.

사람들은 달변가보다는 눌변가를 좋아한다

아무튼, '나는 재미없는 놈이라 내가 웃기는 말을 해도 남들이 웃지 않을 것이다.'라는 생각의 대안적 사고는 '나는 다른 사람의 이야기를 잘 듣고 잘 웃을 수 있는 능력이 있는 사람이다.' '사람들은 자신의 이야기를 잘 들어주고 잘 웃어 주는 사람을 좋아한다.' '친한 사람과 있을 때는 나도 나름 웃긴 놈이다.' '나는 말보다는 제스처나 표정으로 더 표현을 잘할 때가 많다.' 등이다.

의외로 사람들은 달변가보다는 눌변가를 좋아하는 것 같다. 너무 말을 잘하는 사람은 왠지 신뢰가 안 간다. 말이 많다 보면 언행일치가 어려워지기 때문이다. 그러나 언변이 뛰어나지는 않지만, 성실하고 순진한 사람을 보면 도와주고 싶은 생각이 든다.

필자의 경우에도 말을 잘해야 하고 사람들을 웃겨야 한다는 강박관념에 사로잡혀서 낯선 사람들과 대화하기가 어렵던 시절이 있었다. 자신이 없으니 목소리가 기어들어 가고, 알아듣기가 힘드니 웃기는 것은 더더욱 어려웠다. 그런데 몇몇 사람들이 그런 모습을 보고 웃기다고 웃어 주기 시작했다. 어눌하고 바보같이 허둥대는 모습이 사람들에게는 오히려 인간적으로 보였던 것이다.

누구나 혼잣말을 한다
환각 또는 망상

나영은 중얼중얼 혼잣말하는 습관이 있다. 나한테 얘기하는 줄 알고 "응, 뭐라고?" 하면 대답이 없다. 다시 나영에게 다가가 보면 컴퓨터 화면을 보면서 혼자 중얼거리는 것이다. '아, 안 돼~!' '이런…….' '바보 바보.' 등 옆에서 뭐라 해도 삼매경에 빠져서 대꾸가 없다. 이제는 그러려니 한다. 이런 경우는 흔히 볼 수 있는 혼잣말의 사례다.

나영처럼 혼잣말하는 습관은 어린아이들의 자기중심적 사고와 관련지어 생각해 볼 수 있다. 발달심리학의 기초를 닦은 피아제 **Piaget**는 어린아이들이 하는 대화를 통해 이런 자기중심적 사고와 언어와의 관련성에 대해 설명하였다. 가끔 집안의 행사가 있어서 가족들이 모이면 어른들은 어른들끼리 아이들은 아이들끼리 놀게 되는데, 어린아이들이 노는 모습을 보면 함께 잘 노는 것처럼 보이지만 놀이 내용을 자세히 관찰해 보면 서로 다른 말을 하며 노는 것을 볼 수 있다.

A : 나 어제 놀이동산에 갔어.
B : 어, 벌레다.

A : 되게 재미있었는데.

B : 죽었다!

　　이는 상대방이 자신의 말을 이해하는 것과는 상관없이 자기 생각을 일방적으로 전달하는 것으로 자기중심적 사고에서 비롯된 의사소통의 한 양식이다.

　　피아제의 이론에 따르면, 전조작기에 해당하는 2~7세의 아이들은 논리적인 조작이 불가능하다. 피아제가 말하는 조작은 과거에 일어났던 사건들을 내면화하여 관련짓는 것을 의미한다. 구체적 조작기인 7~12세 아이들은 문제 해결 과정에서 직관보다는 논리적 조작이나 규칙을 적용하기 시작한다. 이 시기에는 타인의 입장, 감정, 인지 등을 추론하고 이해할 수 있는 능력이 발달한다. 마지막 단계인 형식적 조작기에 이르면 추상적 사고와 가설적 사고를 할 수 있고 비로소 성인들처럼 서로 의미를 주고받는 의사소통을 할 수 있게 된다. 전조작기의 아이들은 대화보다는 혼잣말에 더 익숙한 셈이다.

▌혼잣말은 내적 사고과정으로 가는 중간 단계

　　이에 반해, 아동 발달에서 문화와 사회적 관계를 강조했던 심리학자 비고츠키Lev Vygotsky는 아이들이 혼잣말을 하는 이유가 자기 자신에게 지시를 내리기 위해서라고 말한다. 엄마나 아빠의 지시에 의해 행동을 조절하던 아이들이 스스로의 힘으로 과제를 해결하

게 되면서 혼잣말로 자신에게 지시를 내린다는 것이다. 이 경우 혼
잣말은 문제를 올바르게 해결하고 있다는 확신을 얻기 위한 나름의
길잡이인 셈이다. 비고츠키는 아이들의 사고과정에 있어 혼잣말이
필수적이라고 생각했다.

성인이 되어서도 습관처럼 혼잣말을 하는 사람들이 있다. 자신
에게 하는 이야기인 줄 알고 맞장구쳐 주었는데, 상대는 혼자 또 다
른 이야기를 하고 있었던 경험이 더러 있다.

습관적으로는 아니더라도 많은 사람들은 혼잣말을 한다. 전화번
호를 외울 때나, 계산을 할 때, 앞으로 할 일에 대한 계획을 세울 때
성인들도 혼자서 중얼거리면서 생각을 한다. 이와 같이 아이들에 비
해 빈도는 적지만 어른들도 자기 지시적 혼잣말을 자주 사용한다.

가끔은 길에서 술에 취해 혼잣말을 하고 있는 사람도 보게 된다.
이 경우는 술기운을 빌어 사회적인 체면 등을 잊고 속에 있던 말을
밖으로 풀어 버리고 싶은 욕구가 발현된 것이라고 볼 수 있다. 현실
에서는 옆에 앉아 말 상대를 해 주는 사람이 없기 때문에 혼자 상상
으로 말 상대를 만들어 놓고 대화를 하는 것이다. 사람은 누구나 마
음속에 쌓인 불만을 밖으로 털어놓고 이해를 얻고자 하는 욕구가
있기 때문에 그런 욕구를 풀기 위해서도 혼잣말을 사용한다.

혼잣말이 개그 소재로 사용돼 많은 이들에게 웃음을 주기도 했
다. 지금은 없어진 〈웃찾사〉라는 TV 개그 프로그램에는 '혼자가 아
니야'라는 코너가 있었다. 가상의 인물인 '동수'가 실재하는 것처럼
설정하고 대화를 나누는 과정이 주요 내용이다. 개그맨이 혼잣말을
천연덕스럽게 잘해서 나도 보며 많이 웃었다. 친구들을 만나면 가

끔 '동수'를 내세워 농담을 하기도 했다.

▌환각 또는 망상?

그렇다고 혼잣말을 너무 우습게만 보면 안 된다. 혼잣말은 정신분열증을 판단하는 중요한 단서이기도 하다. 예전에 일했던 정신과에서 내원한 환자들에게 연구 목적으로 묻는 의례적인 질문이 하나 있었다.

"남들에게는 보이지 않는 것이 보인다거나, 남들에게는 들리지 않는 소리를 들은 적이 있습니까?"

이 질문에 대부분은 "없다."고 대답한다. 그런데 한 환자가 조심스레 말했다. "사실 그렇다."라고. 전문용어로 환각Hallucination이라고 부르는 사례다. 환각 상태에서는 감각기관을 자극하는 외부 자극이 존재하지 않아도 없는 사람이나 사물이 실제로 있는 것처럼 지각하게 된다.

주로 정신분열증에 나타나는 환청과 환시가 대표적인 예다. 환시보다는 환청이 더 흔하게 나타나는 증상인데, 환청 상태에서는 머릿속에서 어떤 존재의 목소리가 들리고 그 목소리에 반응해 자신도 말을 하게 되는 것이다. 다른 사람은 그 목소리를 전혀 들을 수 없지만 환청 증상이 있는 사람은 그 목소리가 자신에게만 들리는 것인지 외부에서 들리는 실제 소리인지 잘 구분하지 못하기 때문에 혼잣말을 하게 된다. 환청이나 환시 등의 환각 증상은 매우 심각한 정신병적 증상에 속하기 때문에 혹시 주변에 이런 사람이 있다면 바로 정신과 치료를 받게 해야 한다.

이상행동을 보이는 장애를 크게 정신병, 신경증 및 성격장애로 나누기도 한다. 이 중 정신병은 세상에 대해 의식하는 정신 기능에 문제가 생긴 것으로, 이에 해당하는 사람은 현실에 대해 엉뚱한 판단을 하는 등 비현실적인 생각을 하게 된다. 이들의 가장 큰 특징은 현실감각과 현실 검증 능력이 현저히 떨어진다는 것이다. 이런 정신병 중 하나가 정신분열증이다.

전문가들은 망상, 환각, 혼란된 말과 언어, 총체적으로 혼란되거나 심하게 긴장된 행동, 메마른 정서와 무감동, 의욕과 의지의 상실, 논리성 상실 등의 증상이 1개월 이상 지속되면 정신분열증으로 진단한다.

█ 망상에 빠진 천재

〈뷰티풀 마인드〉(론 하워드 감독, 2002)라는 영화의 주인공 존 내쉬는 대학 시절 천재라 불렸다. 졸업 후에는 MIT 교수가 됐고 아름다운 부인을 얻어 행복한 생활을 누리고 있었다. 그런 그가 비밀 임무를 수행한다며 이상한 행동을 하기 시작한다. 그는 늘 자신을 찾아와 비밀 임무를 주고 가는 한 남자, 대학 시절 룸메이트였던 친구, 그리고 그의 여자 조카와 진지하게 이야기를 나눈다. 하지만 이들은 주인공이 만들어 낸 상상 속의 인물이었고, 주변에서 보기에 그는 혼잣말을 할 뿐이었다. 망상Delusion에 빠져 환각을 경험한 것이라 할 수 있다.

　　망상은 외부 세계에 대한 부정확한 추론에 기초한 그릇된 신념이다. 명백한 반증이 있음에도 이에 대한 신념이 변하지 않는다. 망상에 빠지면 객관적인 증거가 없어도 그렇다고 믿는다.

　　망상 중 흔한 것으로 피해망상과 과대망상이 있다. 피해망상에 빠진 사람은 누군가 자신을 괴롭히고, 그로 인해 자신이 피해를 입고 있다고 믿는다. 과대망상은 자신을 위대하고 대단한 능력을 가진 사람이라고 굳게 믿는 경우다.

　　내쉬는 자신의 능력을 과대평가하고 국가의 임무를 수행해야만 하는 사람으로 인식한다는 면에서는 과대망상에, 그런 자신을 누군가가 감시하고 있고 괴롭히고 있다는 생각을 한다는 면에서는 피해망상에 사로잡혀 있다.

　　이런 심각한 경우를 제외한다면 혼잣말은 정상적인 것이다. 빈도와 정도가 지나치지만 않는다면 말이다. 그렇지만 혼잣말을 자주 하면 사람들이 이상한 시선으로 바라볼지도 모르니 주의하기를!

칭찬에도 의도가 있다
칭찬보다는 격려를 부탁해

"얼굴이 핼쑥해졌다." "전보다 마른 것 같다." "아파 보인다." "건강 좀 챙겨라."

평소 자주 듣는 이야기다. 걱정해 주는 마음은 고맙지만 때로는 이런 배려해 주는 말에 더 스트레스를 받는다. '내 얼굴이 그렇게 안돼 보이나?' 하면서 거울을 보면 역시 초췌하기 그지없다. 다시 자신감이 줄어든다.

그러다가 누군가가 "요새 좋은 일 있나 봐요. 예뻐졌어요."라고 하면 어색해서 몸 둘 바를 모르겠다. "아이 뭐가요?"라며 어색함을 감추지 못하거나, "본인이 더 예쁜데 뭘." 하면서 가끔은 마음에도 없는 말을 하기도 한다. 칭찬에 익숙하지 않은 탓이다. 칭찬에 익숙하지 않은 사람들은 때로 공격적으로 반응하기도 한다. 나를 놀리는 것 아니냐며.

학습심리에서의 '강화Reinforcement'라는 개념은 칭찬이 얼마나 효과적으로 사람의 행동을 변화시킬 수 있는지를 보여 준다. 중립적인 행동 뒤에 일관되게 칭찬이나 음식물 등의 기분 좋은 보상이 주어지면 대개는 그 행동을 하는 횟수가 증가한다. 칭찬이나 선물이 행동 뒤에 곧바로 주어질수록 이런 경향성은 더 높아진다. 초등학

생 시절 선생님이 찍어 주시던 '참 잘했어요' 도장이 얼마나 뿌듯했
는지 기억해 보라.

칭찬이 얼마나 좋은지에 대해서 귀에 못이 박히도록 들어도 습
관이 되지 않은 사람에게는 칭찬을 한다는 것이 쉬운 일이 아니다.
칭찬을 할 생각만 해도 닭살이 먼저 돋는다.

▌ 칭찬에는 상대를 조종하려는 의도가 있을 수 있다

칭찬이 늘 긍정적으로만 작용하는 것은 아니다. 칭찬에는 다른
사람을 조종하려는 의도가 숨어 있기도 하다. 특히 아이들에게 자
주 이런 칭찬을 사용한다.

"아주 잘했어."

이 말의 의미에는 '앞으로도 말 잘 들으면 이렇게 칭찬을 받을 거
야. 하지만 그렇지 않으면…….'이라는 의미가 숨어 있다. 부모는
아이가 바람직한 행동을 보이려고 하기만 해도 미리 칭찬을 함으로
써 목표 행동으로 유도할 수 있다. 대부분의 사람들은 타인의 칭찬
대로 행동하려는 경향이 있기 때문이다.

정신분석에서 말하는 '동일시'는 방어기제 중 하나다. 동일시에
대한 경향이 높을수록 타인의 신념이나 가치를 자신의 특성으로 흡
수한다. 그래서 누군가에게 칭찬을 받으면 되도록 그 말대로 따라
하려고 노력하는 것이다. 학창 시절 좋아하는 선생님의 칭찬 한마
디에 밤을 새워 그 과목을 공부하는 것도 이런 예라고 할 수 있다.

▌ 격려는 과정에 초점을 맞춘다

칭찬이 바람직한 행동을 유도하기도 하지만 개인의 자발성을 제한한다는 측면에서는 부적절할 수도 있다. 그래서 아동 중심 놀이 치료에서는 칭찬을 가급적 사용하지 않으며, 칭찬보다는 '격려'를 사용할 것을 권고한다. 칭찬과 격려는 비슷한 것 같지만 분명한 차이가 있다.

칭찬은 결과에 초점을 두는 반면 격려는 과정에 초점을 둔다. 그래서 격려에는 가치 판단이 배제될 수 있고, 언어적 · 비언어적인 격려가 모두 가능하다. 예를 들면, 인형 머리를 예쁘게 빗어 주는 아이를 보고 "와~ 예쁘다. 잘하는구나."라고 한다면 칭찬이고, "인형 머리를 어떻게 빗기는지를 잘 알고 있구나."라고 하는 말은 격려에 해당한다. 칭찬을 들은 아이들은 호감을 사려고 같은 활동을 더할 가능성이 높다. 하지만 격려는 결과에 따라 판단하기보다 아이의 능력을 반영하는 대화법이다. 운동선수를 응원하기 위해서 "힘내라!" "파이팅!"이라고 외치는 경우도 격려다. 이러한 격려 속에는 운동을 하는 선수와 같은 마음이 되어 선수가 힘을 낼 수 있도록 지지하고 지켜보는 과정이 내포되어 있다. 잘하든 못하든 내 편 아닌가. 힘내라며 어깨 한 번 등 한 번 톡톡 토닥여 주는 행동이 정말 힘이 될 때가 많다.

"칭찬이 무조건 좋은 것만은 아니다."라고 하면 혼동을 느낄 수도 있겠다. 상황에 맞지 않게 지나치게 칭찬을 하지 말라는 의미로 받아들이면 좋겠다. 칭찬에 타인을 조종하려는 의도가 숨어 있다하더라도, 칭찬이 갖는 많은 미덕들이 사라지는 것은 아니니까.

인사치레 표현이라고 해도 "어려 보인다." "예쁘다."라는 말은 듣는 이를 기쁘게 하지 않는가. 또한 칭찬은 칭찬으로 받아들이는 것이 칭찬을 해 준 상대에 대한 예의라고 생각한다.

"예뻐졌다." 혹은 "좋은 일이 있는 것 같다."라는 말을 들으면 상대의 호의를 사양하지 말고 기쁜 마음으로 받아들이자.

"감사합니다, 복 받으실 거예요."라고.

도대체 어떡하라는 거야
이중메시지의 함정

창호와 미연은 신혼여행을 가서 즐거운 시간을 보내고 늦은 밤이 돼서야 숙소로 들어왔다. 창호는 샤워를 마치고 나와 미연을 번쩍 들어 침대에 눕힌다. 분위기가 무르익었다고 느끼는 순간, 미연이 묻는다. "피임은 어떻게 할 거야?" 아이가 생기면 낳으면 되지 않느냐는 창호를 미연은 밀어낸다. 사소한 일도 계획을 하면서, 이런 중대한 문제에 계획도 없이 접근할 수는 없다며 핀잔을 주며 말한다. "이 선을 넘어오면 안 돼."

창호는 풀이 죽어 미연이 말한 그 선을 넘지 않고 밤을 지새운다. 하지만 아내의 뜻밖의 말들은 그 후에도 이어졌다.

신혼여행에서 돌아와 화가 조금 누그러진 아내가 당시를 회상하며 "선을 넘지 말란다고 정말 안 넘어오면 어떡해."라고 말하는 게 아닌가. 평소 눈치 없기로 소문난 창호에게 미연의 행동과 말은 참으로 이해하기 어려운 주문이다. 이런 일은 사회생활에서도 종종 일어난다.

어느 날 회식자리에서, 편하게 대하라던 평소 박 부장의 말이 생각난 창호는 눈에 띄게 머리가 빠진 박 부장의 머리를 보며 농담 한마디를 건넸다. "부장님, 흑채 좀 사 드릴까요?" 좌중은 모두 웃음

바다가 되었지만, 딱 한 사람 웃지 않던 사람이 있었다. 다음 날, 박 부장이 창호를 조용히 부른다. "너 회사생활 그만하고 싶냐?"

▍역설적이고 모순된 의사소통, 이중메시지

이중메시지는 말하는 내용과 말하는 사람의 표정, 행동, 억양 등 이 서로 모순되는 역기능적 의사소통 유형 중 하나다. 일상에서 매 우 빈번하게 사용되는 이중메시지는 때로 안정적이던 인간관계를 혼란에 빠뜨리기도 한다.

신혼부부의 예에서 아내는 "이 선을 넘어오면 안 돼."라는 말을 하며 표정으로는 '이 선을 넘어와서 나를 위로해 줬으면 좋겠어.'라 는 상반된 요구를 전했다. 아내의 표정과 억양 등을 면밀히 살피지 않은 창호는 혼란스러울 수밖에 없었다. 어떻게 해도 질책이 쏟아 질 것만 같아 답답한 심정이었을 것이다. 부부 사이에서의 이중메 시지는 갈등을 심화시키는 원인이 되곤 한다. 실제로 문제가 많은 가족일수록 이중메시지가 많이 발생한다고 한다. 이중메시지가 가 족 내에서 지속적으로 발생할 경우 그 결과는 보다 심각하다.

원치 않는 임신으로 결혼을 하게 된 여자의 경우를 생각해 보자. 이 여자의 결혼 생활은 역시나 불행하다. 아이는 건강하게 자라고 있지만 남편과의 불화는 점점 커지는 상황이다. 여자는 엄마로서 아이를 사랑해 주어야 하는 책임감을 느끼지만 아이를 보고 있노라 면 아이 때문에 자신이 원했던 삶을 포기한 것만 같아 원망하는 마 음이 생긴다. 엄마로서 할 수 있는 기본적인 행동은 하면서도 혼란스러운 감정 때문에 일관되지 못한 양육 태도나 메시지를 전달하기도 한다.

여자는 잘못을 저지른 아이에게 "당장 나가!"라고 혼을 낸다. 이에 아이가 문을 열고 나가려고 하자 여자는 다시 "너 나가면 혼날 줄 알아!"라고 소리친다. 아이는 나가야 하는 것인지, 있어야 하는 것인지 몰라서 불안감을 느끼게 된다. 사람은 자신이 통제할 수 없는 무기력한 상황이 되면 모든 일에 의욕이 떨어지고 부정적인 사고와 정서가 증가한다. 더구나 아직 정서와 지능 발달이 미숙한 아이에게 양육에서 누구보다도 중요한 역할을 하는 엄마가 이중메시지를 던지는 것은 불신감을 키우는 결과를 초래한다. 부모와의 관계에서 불신감을 경험한 아이들 중 다수가 다른 사람을 쉽게 믿지 못한다. 많은 경우 비관적이고 방어적인 성격을 갖게 된다.

부모 자식 사이에도 사랑과 미움, 애정과 증오는 함께 존재한다. 더욱이 원치 않은 임신을 했거나 그 때문에 자신의 꿈을 접어야 하는 경우라면 부모이지만 아이에게 이런 양가감정(모순된 감정)을 느낄 수 있다. 자신의 감정을 인식하지 못한 채 엄마는 아이에게 이중적인 메시지를 전달하게 되는 것이다.

▌스스로의 감정에 솔직해지기

우리도 무의식적으로 이런 이중메시지를 상대에게 전달하고 있는지 모른다. 내 마음을 나도 모르는데 상대가 이를 파악할 수 있겠는가? 스스로의 감정과 생각에 솔직해지는 것이 중요하다.

이렇게 말하면 대뜸 "그러면 지금까지 내가 거짓말을 한 것처럼 보이느냐!"라며 화를 내는 사람들이 있다. 거짓을 말한다는 문제가 아니다. 자신의 생각과 감정을 깊이 있게 들여다보고 이를 수용하는 작업을 거침으로써 보다 진실한 자신과 만나고 소통해야 한다는 의미이다.

이 작업은 쉬운 것 같지만 결코 쉽지 않다. 내가 나를 들여다보는 작업과 그 안에 무엇이 꿈틀대고 있는지를 알고 깨닫는 '통찰'은 누구나 쉽게 할 수 있는 작업은 아니다. 시간과 노력을 필요로 하고 때로는 인정하고 싶지 않은 나의 내면과 만나야 하는 고통이 따르기도 한다. 그래도 성숙한 '나'로 거듭나기 위해서 이 정도 고통은 감수해야 하지 않을까.

이래도 죽고 저래도 죽는다면?
— 마틴 셀리그먼의 학습된 무기력 —

심리학 분야에서 개를 대상으로 한 실험이 또 하나 있다. 개를 우리 안에 가둬 두고 죽지 않을 정도의 전기 충격을 준다. 그러면 이 개는 옆 칸으로 자리를 옮기고, 또 전기 충격을 당한다. 계속 자리를 옮겨 보지만 속수무책이다. 끊임없는 전기 충격에 이 개는 자리를 옮기는 것을 포기하고 더 이상 전기 충격을 피하지 않는다. 나중에는 자리를 옮기면 전기 충격을 받지 않을 수 있다는 사실을 알면서도 이 개는 더 이상 전기 충격을 벗어나려는 시도를 하지 않는다. 한마디로 이래도 죽고 저래도 죽는 미치고 환장할 만한 상황에서 모든 시도를 포기해 버리는 것이다. 학습된 무기력의 무서운 결과다.

긍정심리학의 대가 마틴 셀리그먼Martin Seligman은, 사람들이 일상생활에서 통제하려는 노력이 반복해서 실패했을 때 그들은 다시 노력하지 않을 것이고, 이러한 일이 반복해서 일어난다면 통제가 가능할 때조차도 통제 부족의 지각을 일반화할 것이라고 보았다. 이런 상황에서 사람들은 무기력해지고 우울해진다. 다시 말해 스스로 통제력을 상실했다고 느낄 때, 사람들은 무기력에 빠지게 된다. 셀리그먼은 이를 학습된 무기력이라고 정의하며 우울증의 주된 원인으로 보았다.

공부 하나도 안 했어요
믿을 수 없는 사실, 거짓말

○○○씨 교통사고로 00시 10분 사망. 사망자의 연락처를 통해 통보합니다.

잠결에 병원에서 온 휴대전화 문자 메시지를 확인하고 화들짝 놀랐다. 누가 죽었다고? 뛰는 가슴을 억누르며 조심스레 메시지를 다시 확인했다.

다시 봐도 '○○○씨 사망'이라는 글자가 또렷했다.

정신이 아득해지고, 머릿속이 복잡해지면서 이후 일어날 일들이 파노라마처럼 펼쳐졌다. 그런데 곰곰이 생각해 보니 어딘가 조금 이상했다. 00시 10분. 날짜를 갓 넘긴 시간, 4월 1일 만우절이었다.

그 살벌한 장난 문자는 만우절을 겨냥한 거짓말임이 드러났다. 모두들 놀란 가슴을 쓸어내리고 안도의 숨을 내쉬면서도 당혹스러움과 경악을 금치 못했다. 문자를 보낸 당사자는 이제 중학교 3학년의 깜찍한 여학생이었다. 거짓말의 강도만큼이나 놀라웠던 것은 당사자의 반응이었다. 그 소녀는 "만우절엔 다들 이렇게 장난쳐요."라고 대수롭지 않은 듯 말했다. 좀처럼 이해하기 어려웠지만 '요즘 애들은 저러고 노나?' 하며 웃어넘길 수밖에 없었다. 그들에게는 특별한 목적이나 의도가 없는 가벼운 장난 정도였던 것 같다.

거짓말은 생각보다 힘이 세다. 일본의 후쿠시마 대지진으로 원자력 발전소 사고가 났을 때도 거짓말의 위력이 드러났다. 방사능 유출이 온 국민의 관심사였던 당시에 "후쿠시마 원전에서 유출된 방사능 물질이 한국에 상륙한다."는 문자 메시지가 삽시간에 퍼졌다. 이는 근거 없는 거짓으로 판명되었다. 허위사실을 유포한 이는 사람들의 불안한 심리를 이용해 자신의 능력을 과시하고 싶었던 것일 수도 있다.

▌착한 거짓말은 사람 목숨도 구한다

물론 '선의의 거짓말'이라는 것도 분명히 존재한다. 영화 〈인생은 아름다워〉(로베르토 베니니 감독, 1999)에서는 아버지가 아들에게 거짓말을 함으로써 자신의 사랑을 표현하고, 결과적으로 아들을 살려낸다. 1930년대 말, 독일의 유태인 말살 정책이 진행되던 시절이 배경인 이 영화에서 유태인 수용소에서 끌려온 귀도는 아들 조슈아에게 이 모든 상황이 일종의 게임이라고 거짓말을 한다. 귀도는 조슈아에게 이 게임에서 이기면 진짜 탱크를 받게 된다고 말하고, 장난감 탱크를 좋아했던 아들은 아버지의 거짓말을 사실로 믿고 아슬아슬한 위기를 넘기며 살아남는다. 선의의 거짓말이 사람의 목숨을 구한 셈이다.

거짓말과 비슷해 보이지만 조금은 다른 말들도 있다. 가령 잘 모르는 사람에게 "성격 참 좋으시네요."라고 한다거나, 성적이 좋은 학생이 시험을 본 후에 "이번 시험은 완전히 망쳤어."라고 할 때, 혹은 식사 시간에 남의 집을 방문하게 됐을 때 "밥 먹고 왔어요."라고 말할 때도 그렇다.

이런 말들은 체면이나 형식을 중시하는 한국인의 특성으로 이해할 수 있다. 자신의 상황이나 생각과는 다른 말을 한 셈이지만 이 말 속에는 상대의 욕구와 기대를 충족시키려는 의도가 들어 있다. 이러한 의례적인 말들은 말 속에 숨은 긍정적 의도를 말하는 사람과 듣는 사람 서로가 받아들인다는 점에서 거짓말과는 다르다.

█ 양심이 없는 '사이코패스'

이와 반대로 자신의 이익을 위해 거짓말을 하는 주인공이 등장하는 영화가 있다. 바로 〈데드맨 워킹〉(팀 로빈스 감독, 1996)이다.

영화에서 사형선고를 받은 주인공은 자신의 무죄를 주장하며 도움을 요청하는 편지를 헬렌 수녀에게 보낸다. 헬렌 수녀는 그를 돕기 위해 나서지만, 그녀에게 돌아오는 것은 주인공에게 죽임을 당한 유가족들의 분노뿐이다. 결국 주인공의 말은 거짓임이 드러난다.

영화 후반부에 주인공이 죽어 가면서 회상하는 장면이다. 억수같이 비가 내리는 밤이다. 감독은 이 영화 속 한 장면을 찍기 위해 정확한 위치를 알 수 없는 곳에 카메라를 고정시키고 무섭게 내리는 빗줄기에 우리의 시선을 모으도록 한 것 같다. 어디가 어딘지 도무지 알 수 없는 칠흑 같은 어둠 사이로, 간헐적으로 들려오는 천둥소리에 이어 번개가 번쩍거릴 때만 그곳이 어디인지 겨우 가늠할수 있을 뿐이다. 카메라가 점점 아래로 향하고 우리의 시선도 같이 그 뒤를 따르는 가운데 간간히 무언가 형태가 보인다. 허여멀건 물체들…….

그 주변에 실체를 드러내는 남자들이 있다. 한 사람, 두 사람. 한 사람은 총을 들고 뭐라 소리치고 다른 사람은 히죽히죽 웃고 있으며 눈치를 살피고 있다. 이 장면은 사형수인 주인공이 어린 두 명의 남녀를 살해하는 것으로 끝을 맺는다.

주인공은 헬렌 수녀에게 "나는 죄가 없다, 난 그저 죽고 싶지 않아서 시키는 대로 했을 뿐이다."라고 주장한다. 영화 후반부가 지날 때까지 나 역시 그렇게 믿고 싶었다. 주인공의 억울함을 누군가가 해명해 주기를 바랐다. 그러나 그건 모두 거짓이었고 나의 바람은 헛되이 사라졌다. 주인공의 잔혹함을 알고 떠난 수녀처럼 말이다.

주인공은 사형을 앞두고 다시 헬렌 수녀를 찾는다. 그녀는 결국 그의 죽음을 함께해 주기로 하고 주인공은 자신이 죽인 피해자의 가족들에게 사죄를 하고 뜨거운 눈물을 흘리며 죽음을 맞이한다.

연쇄살인범이나 영화 속에 자주 등장하는 사이코패스들은 양심이나 죄책감, 타인에 대해 공감하는 능력이 부족하다. 그들에게 타인의 고통은 자신이 알지 못하는 미지의 영역이다. 그래서 자신이 느끼지 못하는 것을 타인에게 고통의 형태로 줌으로써 느끼려 하는지도 모른다. 그들의 눈은 공허하고 무표정하며 태연하게 거짓을 말하고 범죄를 저지른다. 자신이 하고 있는 행동이 무엇이 잘못인지 알지 못하고 알려고 하지도 않는 듯하다.

양심과 죄책감이 없는 사람들이 존재한다는 사실은 무서운 일이다. 그들은 거짓말로 타인을 조종하고 그를 통해 자신이 원하는 것을 얻으면 그만이다. 또한 상황에 맞는 말을 순간적으로 지어내는 능력이 발달해 있고 자기 합리화가 강하기 때문에 그들에겐 자신이 하는 말이 거짓이냐 진실이냐가 중요하기보다 당장 유리한 말과 불리한 말을 구별하는 것이 더 중요하다.

사이코패스는 공식적인 명칭으로 반사회성 성격장애자로도 명명할 수 있는데, 반사회성 성격장애Antisocial Personality Disorder는 타인을 사랑할 능력이 없고, 통찰력이 결여되어 있고, 후회나 수치심이 없으며, 경험을 통해 학습하지 못함을 의미한다. 이런 반사회성 성격장애자들은 대부분 사회적 규범에 적응하지 못하기 때문에 일찌감치 비행과 범죄에 관련되는 경우가 많다. 또한 범죄까지 발전하지 않더라도 거짓말을 습관적으로 해서 주변인에게 지속적으로 피해를 주고 부당한 이득을 취하는 사람도 어느 정도 반사회적 성격이 내재되어 있다고 볼 수 있다.

기억의 왜곡

최근 〈데드맨 워킹〉을 다시 볼 기회가 생겼다. 내가 기억하고 있던 몇몇 부분이 실제 영화 내용과 달랐다. 영화 속 장면에는 비가 오지 않았다!

이 경우는 기억이 달라질 수 있음을 보여 주는 예라 할 것이다.

아마도 나는 이 장면을 매우 끔찍하고 충격적인 장면으로 받아들였을 것이고 총으로 사람을 쏠 때 나는 소리와 잠깐의 번쩍거림을 '천둥 번개'로, 어두운 밤 풍경을 억수같이 비가 내리는 장면으로 재구성한 것일 수 있다.

우리가 기억을 하지 못한다면
어떤 일이 벌어질까?

기억이 없는 삶은 존재 자체가 의심스러운 것이다.

일본 만화의 한 장면이다. 범인을 잡아서 죄를 자백 받는 과정에서 그의 머릿속에 있는 기억이 조작되어 있음을 알게 된다. 누군가가 고의적으로 그의 뇌에 다른 사람의 기억을 집어넣은 것이다. 그는 다른 사람의 기억을 갖고 있어서 마치 그 사람이 자신인 것으로 믿고 있었던 것이다.

기억은 경험한 것을 저장하고 인출하는 단순한 작업이 아니라 모든 정신활동과 인지활동의 기본으로 대단히 복잡한 처리 과정을 거치며, 이름 따위를 기억하는 것부터 언어를 사용하고 목표를 수립하고 문제를 해결하는 등의 모든 활동과 관련된다.

불행인지 다행인지 인간의 기억은 완벽하지 않으며, 영구하지도 않다. 새로운 정보가 들어와 저장되고 어떤 기억들은 망각된다. 그리고 어떤 기억들은 재구성되는데, 그 과정에서 왜곡이 일어나기도 한다. 인간의 기억은 역동적으로 스스로의 기억을 끊임없이 재구성해 간다.

흔히 사람들은 정보의 출처를 잊어버리거나 사건과 맥락을 잘못 연결하기도 하고, 타인의 생각을 자신의 것인 양 착각하는 등의 실수를 하기도 한다.

이런 잘못된 기억은 한 실험의 예에서도 볼 수 있다. cake, cookies, sugar, candy 등 15개의 단어를 제시하고 일정 시간이 경과한 후, 사람들에게 'sweet'라는 단어가 제시되었는지를 물었을 때 대부분의 사람들은 "그렇다."고 대답했다고 한다. 이는 제시된 단어들과 'sweet'라는 단어의 의미상의 연관성 때문일 것이다. 이처럼 기억은 제시된 정보를 사전지식이나 정교화 과정 등을 통해 재구성한다. 이에 대한 또 다른 증거로 법정에서의 증언을 들 수 있는데, 증인들에게 질문을 어떻게 하느냐에 따라 답변이 달라진다고 한다. 또한 어릴 적 자신이 경험한 것이나 본 것의 기억일 경우, 억압된 기억이 되살아난 것인지 잘못된 기억인지를 판단하기란 쉽지 않다. 기억은 불완전하며 그때의 상황과 개개인의 심리상태, 고정관념 등이 기억에 영향을 미친다.

〈메멘토〉(크리스토퍼놀란 감독, 2000)라는 영화를 보면, 뇌손상에 의한 단기기억상실증자의 이야기가 나온다. 그가 기억하는 것은 아내가 괴한에 의해 죽임을 당했다는 것과 그 이전의 기억뿐이다. 그가 새로운 기억을 잊지 않기 위해서 하는 것은 메모와 폴라로이드 사진, 몸에 새기는 문신들이다. 이 기록들이 그의 기억을 대신한다. 이 영화는 역으로 거슬러 올라가며 그의 심리상태를 보여 준다. 그는 10분도 안 되는 짧은 시간 동안 일어나는 일을 잊지 않으려고 메모를 하고 문신을 하며 속으로 말한다. "저 놈은 나쁜 놈이야. 저런 놈은 죽어야 해." 시간이 지나고 기억이 사라진 그는 자신이 새긴 기록을 보고 아무런 의심 없이 기록에 새겨진 사람을 찾아가 죽인다. 또 다시 기억은 사라지고 다시 아내를 죽인 범인을 찾는다. 그의 남은 기억은 말한다. "아내를 죽인 범인을 찾아 죽여야 한다."라고.

우리 아이에겐 장애가 있어요
마음 읽기가 어려운 사람들

500만 관객을 동원한 영화 〈말아톤〉(정윤철 감독, 2005)의 주인공 초
원이는 자폐증 환자다. 대부분의 자폐증 환자들은 매우 제한적인
관심사를 갖고 있는데, 초원이의 관심사는 아프리카 동물들이다.
어느 날 초원이는 엄마와 지하철역에서 분식을 먹던 중 무작정 밖
으로 뛰어나간다. 초원이는 길에서 자신이 좋아하는 얼룩무늬로 된
스커트를 입은 여자를 쫓아가 그 여자의 엉덩이를 만진다. 여자의
남자친구는 초원이를 치한으로 생각해 때리지만 초원이는 겁에 질
려 아무 말도 하지 못한다. 이 모습을 보게 된 초원이 엄마는 남자
를 말리며 말한다.

"우리 아이에게는 장애가 있어요! 우리 아이에게는 장애가 있어요!"

초원이와 같은 장애가 없음에도 불구하고, 우리 주변에는 대화
를 하기 어려운 사람들이 있다. 대화를 한다는 것은 때로 즐거운 작
업이기도 하지만 공통의 문제를 해결하기 위해 심사숙고하며 의견
을 조율하는 어렵고 고통스러운 작업일 수도 있다.

대화는 일방통행이 아니라 상호적이고 호혜적이어야 한다. 이를
위해 필수적인 것이 타인의 생각과 마음을 읽고 이해하는 능력이다.

▌초콜릿 상자 안에 든 것은 무엇일까

마음 읽기는 상대방이 무슨 생각을 가지고 있으며, 어떤 느낌을 받고 있는지, 또는 무엇을 바라는지를 상대방의 입장에서 이해할 수 있는 능력이다. 이를 위해서는 상위 인지가 필요하다. 이런 능력은 일반적으로 4세 때부터 발달되며, '틀린 믿음 과제'로 설명할 수 있다.

아이에게 초콜릿 상자를 보여 주고 그 안에 무엇이 들어 있을지 물어본다. 아이는 당연히 초콜릿이라고 대답할 것이다. 아이의 대답을 들은 후 안에 무엇이 들어 있는지를 보여 주는데, 안에는 초콜릿이 아닌 연필이 들어 있다. 그런 다음 이 상자에 무엇이 들었을지 다른 아이에게 묻는다면 그 아이가 어떻게 대답할 것인지(초콜릿 상자에 초콜릿과 연필 중 무엇이 들었다고 대답했을지)를 다시 질문한다. 이 질문에 3세 이하의 아이들은 연필이라고 대답하는 반면 4세 이상의 아이들은 초콜릿이라고 대답한다. 3세 이하의 아이들은 자신이 알고 있는 것을 다른 사람도 알 것이라는 잘못된 믿음을 갖고 있는 것이다. 아이들과 이야기를 하다 보면 주제와 상관없는 뜬금없는 소재들이 등장하는 경우가 많다. 자신이 관심이 있고 알고 있으면 다른 사람도 그럴 것이라고 생각하기 때문이다.

4세 이상이 되어서야 자신이 알고 있는 것과 상관없이 타인의 입장에서 타인이 어떻게 생각하고 있는지를 이해하게 된다. 이렇게 상대방의 마음을 읽을 수 있는 능력은 취학전기 동안에 발달된다.

초원이와 같은 자폐증 환자도 상대의 의중이나 심중을 파악하지

못하는 사람들 중 일부다. 자폐증 하면 일반적으로 이상한 소리를
중얼거리면서 반복적인 행동을 하고 몇 가지 관심사에만 몰두하고
때로는 비범한 능력을 가진 사람들을 떠올린다.

영화 〈레인맨〉(베리 레빈슨 감독, 1989)에서 더스틴 호프만이 연기했
던 자폐증 환자의 경우 수(數)에 대한 특수한 감각을 가지고 있다.
이런 능력을 '서번트 증후군Savant syndrome'이라고 한다. 실제로 자
폐증 등의 뇌기능 장애를 가진 사람들 중 특정 분야에서 천재적인
지적 능력을 가지고 있는 사람이 약 10% 정도 된다. 이들은 미술,
음악, 수학, 기계적 혹은 공간적 재능, 날짜 계산의 다섯 가지 영역
에서 재능을 발휘한다고 한다. 그러나 자폐증의 가장 큰 특징은 사
회적 능력의 결여, 특히 상대의 생각과 마음을 상대의 입장에서 생
각하는 능력의 결여다. 즉, 마음 읽기를 하지 못한다.

마라톤 대회에 참가한 자폐증 환자 초원이와 초원이의 엄마가
나누는 대화다.

초원 엄마 : 초원이 다리는?
초원 : (손을 흔들고 눈은 다른 곳을 응시하며 매우 단조로운 어조로) 백만 불짜리 다리.

많은 관객들이 이 장면에서 웃음을 터뜨렸지만 정작 초원이는
그 웃음의 의미를 알지 못한다.

▋ 타인과 소통하고 대화하기 위해서

사람들은 자신의 생각과 감정을 전달하기 위해 다양한 방법을 쓴다. 유머감각을 동원하기도 하고 빗대어서 은유적으로 표현하기도 한다. 이렇게 비유적으로 표현된 언어를 해석하고 이에 대처하기 위해 사람들은 상대방이 왜 이렇게 말했는지를 헤아리는 과정을 거친다. 이때 언어적인 단서만이 아니라 비언어적인 단서도 활용된다. 소통하고 대화하기 위해서는 상대의 마음을 읽는 이 과정이 매우 중요하다.

장애가 없다면, 어린아이들은 타인의 마음을 읽고 이해할 수 있다. 그런데 나이가 들수록 점점 더 소통하는 능력을 잃고 있는 건 아닌지 모르겠다. 이런 능력은 인지적 성숙과 함께 타인의 입장에서 생각하려고 하는 태도와 노력이 있어야만 가능한 것이기 때문이다.

자폐성 장애의 진단 기준

1. 사회적 상호작용 영역에서 눈 마주치기, 얼굴 표정, 몸동작 등을 사용하는 데 현저한 결함을 보이며, 또래관계 형성을 전혀 하지 못하고, 사회적 관계나 정서적 연대가 심각하게 결여되어 있다.
2. 사회적 의사소통 영역에서 구어 발달이 심각하게 지체되어 있거나 구어 능력이 완전히 결여되어 있다. 적절한 언어구사능력을 가지고 있더라도 타인과의 대화를 시작하거나 유지하는 데 어려움이 있고 특정 언어를 반복해서 사용하기도 한다.
3. 지나칠 정도로 틀에 박힌 행동을 반복적으로 하고 정형화된 행동(손 흔들기, 몸을 특이하게 움직이기 등)을 보인다. 또한 사물의 특정 부분에 집착하는 행동을 보인다.

자폐성 장애는 이 세 가지 영역 가운데 적어도 한 가지 영역에서 기능이 지연되거나 비정상적인 경우에 해당되며, 3세 이전에 시작된다.

출처: 미국 정신장애진단 및 통계편람
(DSM-IV: Diagnostic and Statistical Manual of Mental Disorders)

3
분석과 공감

여자들에게 필요한 것은
위로와 공감
분석하는 남자 vs. 공감하는 여자

주희는 최근 친구와 다투게 된 이야기를 남자친구에게 털어놨다. 자기도 잘한 건 없지만 친구가 한 말과 행동을 생각하면 아직도 화가 풀리질 않는다고. 그런데 평소 그 친구에 대해서도 잘 알고 있던 남자친구는 "그럴 땐 이렇게 했어야지. 너처럼 이야기하면 나도 화나겠다."며 오히려 친구 편을 드는 것이 아닌가. 이번이 처음이 아니다. 남자들은 왜 위로가 필요한 순간에 이성을 먼저 작동시키는 것일까.

주희는 마치 자신이 재판관이라도 된 듯이 객관적으로 사건을 분석하는 남자친구가 원망스러웠다. 자기에게도 잘못이 있음을 주희가 모르는 것이 아니었다. 순간 울컥해 "그래 너 잘났다." 소리를 지르고 남자친구 앞에 주저앉아 울어 버렸다.

여자의 눈물은 남자를 당황하게 만든다. 남자친구는 그제서야 비로소 위로의 말을 쏟아 내기 시작했지만 이미 마음이 상한 주희 귀에 들어올 리 없다.

주희는 얼마 전 매우 중요한 시험을 봤는데, 결과가 좋지 않았다. 주희는 자책하며 "난 머리가 나쁜가 봐. 제대로 하는 일이 하나도 없어."라고 남자친구에게 하소연을 했다. 남자친구가 위로한답시고 내뱉은 말은 "괜찮아, 여자가 밥하고 빨래만 잘하면 되지."였다.

주희는 헛웃음이 나왔다. 자신이 무엇 때문에 속상한지에 대해서 남자친구는 관심이 없는 듯했다. 현재의 막막한 감정을 함께 느껴 주기를 바랐던 것인데, 아무래도 너무 큰 기대를 한 것 같다.

"난 정말 바보야."라는 말은 자신이 정말 바보인지를 확인하기 위해서 하는 말이 당연히 아니다. 이러이러한 근거들을 따져 봤을 때 넌 바보다, 혹은 바보가 아니다 하는 분석을 바라는 것도 아니다. 그저 "아니야, 그렇지 않아. 네가 이번 일로 많이 실망을 했구나."와 같은 따뜻한 위로의 한마디를 기대할 뿐.

▌지금 필요한 것은 분석이 아니라 공감

'공감Empathy'은 '동정Sympathy'과 다르다. 늦은 밤 친구에게 전화해 평소 마음에 안 드는 사람의 '뒷담화'를 하면 친구는 항상 내 편을 들어 준다. 오히려 자신이 더 흥분을 해서 화를 내기도 한다. 그러면 내 기분이 누그러지고 뒷담화를 한 상대에게 오히려 미안한 마음까지 든다. 이렇게 내가 아닌 다른 사람이 느끼는 것을 그 사람의 입장에서 느낄 수 있는 능력이 바로 공감이다. 동정은 단지 상대를 불쌍하고 가엽게 여기는 마음이다. 여자는 보통 자신의 하소연이 공감을 불러일으키기를 원한다. 동정이나 논리적 분석이 아니라.

상대가 화가 나 있다면 마치 자신의 일인 것처럼 같이 화를 내주고, 슬픔에 빠져 있을 때는 같이 슬퍼해 주면 된다. 해결책은 당

사자에게 있고, 결국은 자신이 해결해야 한다는 사실을 대부분은
알고 있다.

『화성에서 온 남자 금성에서 온 여자』의 작가 존 그레이John Gray
에 의하면, 남자는 신뢰를 중시하고 인정을 받고 싶어 하는 반면,
여자는 관심과 이해 그리고 공감을 받고 싶어 한다. 남자는 보살핌
을 받고 충고를 들으면 자존심이 상하지만 여자는 이를 관심으로
받아들인다.

남자는 자신의 힘이나 능력을 과시하고 싶어 한다. 이유 없이 힘
자랑을 하는 남자들을 흔히 볼 수 있다. 여자들 눈에는 별것 아닌
데 목숨 걸고 대결을 한다. 이러한 성향 때문인지 남자들은 여자가
자신에게 기대려고 하면 힘이 솟구친다. 여자가 힘들어하는 모습을
보면 이를 해결해 주고 싶은 마음이 앞선다. 하지만 여자는 관계지
향적인 성향이 강해 친밀감과 관심, 대화를 원한다. 누군가가 자기
를 사랑한다고 느낄 때 마음이 움직인다.

다시 말해 여자들의 하소연은 그냥 듣고 이해해 주면 절반은 해
결된 셈이다. 실질적인 해결책은 그 다음의 문제다. 물론 공감능력
이 부족한 남자들에게 이것이 더 어려울 수 있다. TV 드라마에 나
온 대사처럼, "차라리 어려운 수학문제를 풀고 말지."

█ 때로는 너무 가혹한 조언

상담 중이던 초등학생 아이가 같은 반 아이에게 심하게 맞아 코가 함몰되는 중상을 입은 적이 있다. 내가 부모라면 이런 상황에서 얼마나 당황하고 가슴이 아팠을까.

아이를 보러 갔을 때 처음에는 보여 주기 싫다며 이불로 얼굴을 가리고 아는 척도 안 했다. 억지로 이불을 걷어 얼굴을 보니 코는 심하게 부어 있었고, 한쪽 콧구멍은 솜으로 틀어막혀 있었다. 코가 높아져 미남이 되면 어쩌느냐고 놀리긴 했지만 마음이 좋지 않았다.

"아프니?"
"아프지는 않은데 답답해요. 한쪽 콧구멍에 있던 솜을 뺄 때 울었다요."
"왜?"
"너무 아파서요. 눈물이 찔끔 났다요. 원래 그래요?"
"응, 너무 아프면 그냥 눈물이 나고 그래. 아픈 걸 잘 참았구나!"
"네."
"너 때린 아이는 와서 미안하다고 했어?"
"아니요. 그 친구도 누가 시킨 거라고 그랬대요."
"시킨 게 누군데?"
"현수라고……."
"선생님이 그 녀석 혼내 줄까?"

아이는 대답하지 않았다. 나는 말없이 아이의 이마를 쓰다듬어 주었고 아이도 말없이 한참 동안 나를 쳐다보았다. 한동안 침묵이 흘렀지만 그 아이의 마음만은 전달됐다.

이 아이에게 '어떻게 하라'는 식의 조언은 도움이 되지 않는다. 그런 조언은 오히려 "너는 그런 상황에서 바보같이 왜 맞고만 있었느냐?" "맞서 싸우지도 못하느냐?"라는 공격적인 메시지를 전달할 뿐이다. 세상에 자신을 지켜 줄 사람이 없는 아이에게 세상과 맞서 싸우라는 조언은 너무 가혹하다. 다친 마음을 살펴주는 것이 먼저다. 싸움의 기술은 그 다음에 전수해도 된다. 몸과 마음이 건강해지면 건강하게 대처하는 방법을 배울 것이기 때문이다.

그런데 이 아이를 때린 아이도 가정 형편이 좋지는 않은 모양이다. 아버지 혼자서 아이를 키우고 있는데, 평소 싸움을 많이 하고 주로 얼굴 부위 중 코를 가격한다고 한다. 싸움의 기술만 전수 받은 모양이다.

일주일 후, 아이는 밝은 표정으로 나타났다.

"선생님, 저 왔어요!"라고 말하며 들어오는데, 이전과 다른 느낌이었다.

"선생님, 저 공부 열심히 하려고요. 강해져야 할 것 같아요. 그런데 방법을 몰라요. 공부 좀 가르쳐 주세요." 한다.

그러고는 정말 수학과 영어 공부를 열심히 했다. 미술 시간에는 '미래 도시'라며 나름 설계도를 그려 와서 미술 선생님에게 칭찬을 듣기도 했다. 그러더니 며칠 후 다시 나에게 진지하게 말했다.

"저 이제 음악 공부할 거예요, 가르쳐 주세요!"

"……."

결혼하면 여자가?
결혼관의 남녀 차이

연아는 30대 중반의 전문직 여성이다. 그런데 요즘 여기저기서 결혼은 언제 할 것이냐고 압력이 들어온다. 그냥 맹목적으로 눈을 낮추라고만 하는데, 눈이 높고 낮고 간에 주변에 사람이 있어야 할 것이 아닌가.

▌ 연애의 제1법칙은 바로 '근접성의 원리'

지리적으로 가까워야 친밀도도 높아지는 법. 자주 보고 자주 만나야 보다 깊은 관계로 발전할 가능성이 높아지는 것은 어쩌면 당연하다. 마음에 드는 상대가 생겼다면 자주 눈도장을 찍는 것이 중요하다. 단, 상대가 불편을 느끼지 않을 정도로만. 스토커처럼 보여서는 안 되니까.

근접성만큼 중요한 요소가 있다면 '유사성'이다. 자신과 다른 점이 많은 사람과 닮은 점이 많은 사람 중 일반적으로 누구에게 더 끌릴까? 많은 사람들은 자신의 가치와 신념, 사회적 배경, 흥미 등이 비슷한 사람에게 더 매력을 느낀다. 사랑하는 사람과 신념이나 취미 활동을 공유할 수 있는 것만큼 즐거운 일도 드물다. 하지만 성격

적인 측면에서만 본다면 서로를 보완해 줄 수 있는 정반대 성격의
사람에게 더 끌리기도 한다.

▌그 남자의 한 가지 단점은 세련되지 않다는 것

연아는 커플 매니저를 만나 자신이 만나고 싶은 사람의 조건을
제시했다. 그러자 커플 매니저는 "걱정하지 마세요, 남자는 많아
요."라며 웃었다. 말 한마디에 천 냥 빚 갚는다는 말은 이럴 때 쓰
는 것 같다. 세상에 남자가 얼마나 많은데 그동안 아무도 연아에게
이런 말을 안 해 줬던 것이다. 그 말을 듣는 순간 10년 체증이 내려
가는 듯 속이 시원해진 연아는 당장 계약을 했다. 커플 매니저 말은
거짓이 아니었다. 조건 좋은 남자들은 많았다. 한두 가지 걸리는 부
분도 있었지만 객관적인 조건에서는 큰 문제가 없었다.

커플 매니저의 소개로 연아는 한 남자를 만나게 됐다. 나이는 다
섯 살 연상이었다. 커플 매니저가 소개한 대로라면 그는 키 180cm
에 학벌도 좋고, 수입도 많고, 집안도 좋은 '엄친아'였다. 물론 단점
이 없지는 않았다. 커플 매니저는 수많은 장점을 열거한 후에 마지
막으로 "그런데 사람이 세련되지는 않아요."라는 단서를 덧붙였다.
세련되지 않은 것쯤이야 뭐가 문제가 될까 싶어 연아는 당장 약속
을 잡았다. '세련되지 않다.'는 의미가 단지 '패션 감각이 떨어진다.'
는 의미가 아니었다는 사실을 만나 본 후에야 알게 되었지만.

남자는 구릿빛 피부에 체격이 건장했다. 남성적인 매력이 돋보
였지만 연아에게는 이상하게도 얼굴에 있는 커다란 점과 곱슬머리

가 먼저 눈에 들어왔다. 연아는 '외모가 전부는 아니지.'라고 속으로 되뇌었다. 주변 사람들의 조언이 작용한 모양이다.

남자는 성격도 시원시원해 적극적으로 연아에게 관심을 표했다. 그런 그가 연아도 싫지 않아 다시 만날 약속을 잡았다. 두 번째 만남에서는 함께 맥주를 마시러 갔다. 주변이 시끄러웠던 탓에 남자가 하는 말이 잘 들리지 않았다. 더군다나 남자는 사투리를 심하게 쓰고 있어 간간히 들리는 말도 정확히 알아듣기 힘들었다. "예? 뭐라구요?"라는 질문만 반복하던 연아의 귀에 꽂힌 한 마디가 있었다.

"저는 결혼하면 남자가 집안일에 신경 안 쓰게 여자가 다 알아서 해 줬으면 좋겠어요."

뒤통수를 가격당한 것 같은 느낌에 헛웃음이 나왔다. 그러고 보니 이 남자 아까부터 "여자는 살림을 잘해야 한다."는 식의 이야기를 하고 있었던 것 같다. 연아는 그에게 가까이 다가가 이렇게 말했다.

"그럼, 결혼하지 말고 혼자 사세요."

일반적으로 여자는 20대 후반에서 30대 초·중반 사이에 전통적인 가정주부상과 반전통적인 여성상이 대립하며 현실적인 고민을 하게 된다. 결혼을 해서 남편과 자식들을 보살피며 그 안에서 행복을 찾을 것인가, 아니면 독립된 인격체로서 스스로를 책임지는 유능한 사람으로 남을 것인가 사이에서 갈등을 하게 되는 것이다. 두 가지를 모두 훌륭히 소화해 내기란 여간 어려운 일이 아니다.

주변에서 아내와 어머니로 사는 것에 대한 답답함을 호소하는 사람들이 있었기에 연아는 결혼에 대한 두려움이 컸던 게 사실이다. 그런 연아에게 남자의 말은 결혼에 대한 부정적인 생각을 더 강화시켜 주었을 뿐이다.

▌ 서로를 보완해 줄 내 짝은 어디에?

결혼은 서로 다른 삶을 살아오던 두 사람이 함께 하나의 새로운 세계를 만들어 가는 것이다. 그런데 남자는 여자에게, 여자는 남자에게 서로의 고정된 역할을 가정하고 이를 기대하는 경우가 많다.

물론 오랜 세월 동안 전해 내려온 남녀의 성 역할 차이는 분명히 있다. 남자는 사회에 나가서 생산적 역할을 수행해야 하기 때문에 성취지향적이며 독립성과 적극성 등이 있어야 하고 여자는 가사일과 양육의 역할을 맡아야 하기 때문에 수동적이며 의존적이고 복종적이어야 한다는 생각이 일반적이었다. 성 역할 가치관이 맞는 사람들이 만나 결혼하면 서로의 역할에 최선을 다하며 행복하게 살수 있지만, 가치관이 상충된다면 서로 사랑을 해서 결혼을 한다 해도 행복을 못 느끼고 결국 이별을 선택하게 될 수도 있다.

사람은 저마다 부족한 부분이 있다. 서로의 부족한 부분을 채워줄 수 있는 상호 보완성이 있을 때 서로에게 필요한 사람이 되고 결혼으로 맺어질 가능성이 커진다. 여성과 남성의 고정된 역할을 강조하거나 서로 비교하는 것은 불필요한 것이다. 상대방에게 줄 수 있는 것을 주고 또 받을 수 있는 것을 받는 교환 행위를 통해 충실감과 만족감을 느낄 수 있다.

현대 사회에서 굳이 전통적인 성 역할을 강조하다 보면 개인이 가진 고유한 능력과 자원이 불일치되는 결과를 낳을 수도 있다. 진정

으로 자신의 장단점을 알고 상대방과 같은 눈높이에서 서로를 인정
할 수 있는 관계여야만 행복한 결혼 생활도 유지할 수 있는 것이다.

그래서 연아는, 남자가 던진 "결혼하면 남자가 집안일 신경 안 쓰
게 여자가 알아서 해 주었으면 한다."라는 한마디에 상대가 원하는
여성상이 자신이 생각하는 것과는 다른 전통적인 의미의 여성상일
것이라고 생각했다. 남자의 말은 연아에게 남자가 밖에서 돈을 벌어
오면 여자는 그 돈에 만족하며 집안일을 전적으로 완벽하게 해내야
한다는 의미로 들렸다. 또한 자신은 경제적 능력이 좋으니 집안일 같
은 것에 신경 쓰고 싶지 않다는 과시적인 말로도 들렸다.

'결혼은 인생의 무덤' '결혼하면 여자만 손해' '결혼은 미친 짓'과
같은 말들 때문에 결혼을 미루고 있었던 연아에게 남자의 말은 그
야말로 자신의 결혼관에 정면으로 배치되는 것이다. 연아는 자신의
일을 인정해 주고 지지해 주는 남자를 만나 친구처럼 편안하고 행
복하게 살고 싶다는 생각이 컸다.

말은 한번 내뱉으면 주워 담을 수가 없기 때문에 늘 신중하게 해
야 한다. 더불어 자신의 생각을 상황에 맞게 조리 있고 세련되게 표
현하는 능력을 기르는 것도 중요한데, 자신이 어떤 생각을 가지고
있는지를 점검해 보는 것이 더 우선되어야 한다.

최근 TV에 소개된 기사가 떠오른다. '고학력 여성일수록 결혼하
기 힘들다.'라는 제목의 기사는 최근에 고학력 여성이 증가했으나
그에 비해 고학력 남자가 줄어들고, 그래서 고학력 여성은 자신의
눈높이에 맞는 남성을 만나기가 어렵다는 내용이었다. 맞는 말 같
기도 하고 아닌 것 같기도 하다.

동물세계에서는 암컷과 수컷의 비율이 같지 않은 경우가 많지만, 인간의 경우에는 남녀의 비율이 거의 비슷하다. 그래서 짚신도 제짝이 있다는 말이 있는 게 아닐까?

이 넓고 넓은 세상에 많고 많은 남자들 중에 지금 자신의 곁을 지켜 주는 남자가 없다고 낙담해야 하는가?

나에게 어울리는 짝은 내가 선택하는 것이다. "능력 있는 여자가 결혼을 하기 어렵다고요? 결혼도 잘해야 진짜 능력이 있는 거죠."라는 광고 카피가 떠오른다. 골드미스들은 자신의 능력을 갈고닦기 위해 스스로에게 투자하고 피나는 노력을 기울인 여성들이다. 다만, 일과 결혼이 동시에 찾아오지 않은 것뿐이다. 그렇기 때문에 그녀들의 노력이 폄하되어서는 안 된다.

어딘가에서 당신의 짝이 당신을 만나기 위해 지금 열심히 일하며 노력하고 있다. 그(또는 그녀)를 만나기 위해 즐거운 마음으로 기다려 보자.

왜 일부일처제인가?

현대사회에서는 대부분 일부일처제monogamy를 법으로 정하고 있다. 그 기원까지야 정확히 알려져 있지는 않지만, 남녀의 비율이 거의 비슷하고, 동성 간의 질투를 막으며, 자녀 양육과 재산 등의 복잡한 문제를 해결하는 데 일부일처제가 가장 합리적인 제도로 인식되어 왔기 때문일 것이다. 그런데 앞으로는 여성의 숫자가 남성에 비해 적어서 남자들이 결혼하기가 어려워질 것이라고 한다.

아쉽다. 좀 더 늦게 태어났으면 좋았으련만!

오빠라고 불러 봐
오빠의 재탄생

나이는 숫자에 불과하다. 하지만 나이나 호칭 등에 유난히 촉각을 곤두세우며 피곤하게 하는 사람들이 있다.

본래 오빠나 언니, 누나는 나와 피를 나눈 형제나 혈족 관계를 의미한다. 그 외의 사람들에게 오빠나 언니라고 부르는 것은 사회적인 관계의 유지를 위해 관습적으로 사용되는 호칭 이외에 큰 의미가 없다. 단골 음식점 사장님을 '이모'라고 부른다고 해서 없던 혈족 관계가 생기는 것은 아닌 것처럼 말이다.

연인 관계나 부부 관계라면 두 사람의 나이는 그저 숫자에 불과하며 그저 한 남자와 한 여자로 이루어진 관계일 뿐이다. 통상적인 사회적 관계를 굳이 따질 필요가 없다. 그런데 통상적인 오누이 관계와 연인, 부부 관계를 가끔 혼동하는 경우가 있는 듯하다.

그래서 그런가? 어떤 사람이 내게 "우리나라 사람들은 결혼을 하면 부부관계를 하지 않는 경우가 많대요."라고 말을 건넨다. "왜요?"라고 물으니, "가족이니까요. 하하." "……."

자신보다 세 살 연하의 남자와 사귀고 있는 효진은 둘 사이의 호칭 때문에 종종 애정싸움을 벌인다. 남자친구는 헤어질 때나 전화 통화를 끝내기 전에 "오빠라고 불러 봐."라고 장난스럽게 말을 하곤 한다. 정색하고 하는 말은 아니지만 그렇다고 그냥 지나가는 말도 아닌 것 같다. "네가 먼저 누나라고 불러 주면 오빠라고 불러 줄게." 라고 응답하면 은근히 토라지는 것도 같다. 정작 누나라고 꼬박꼬박 부르면 속으로 '나이 많다고 놀리는 건가?' 싶은 마음이 들면서도 나이 어린 남자친구에게 '오빠'라는 호칭이 선뜻 나오지 않는다.

남자들은 유난히 다른 호칭보다 '오빠'라는 말을 듣고 싶어 하는 것 같다. 여러 해석이 가능하겠지만 우리 사회에 아직까지 유교적 전통이 남아 있다고 봤을 때, 남자들이 바라는 '오빠'라는 호칭은 남자로서의 능력을 인정받고자 하는 의미가 포함돼 있다. 여전히 여자를 이끌어야 하고, 여자는 의존적이어야 한다는 생각을 가진 남자를 흔하게 볼 수 있다.

저자가 어렸을 때 집안에서 오빠는, 보통 부모의 사랑과 기대를 독차지하며 여동생을 힘없고 작은 존재로 만들기도 하는 다소 얄미운 존재였다. 나이가 들어서는 부모와 자식을 위해 생계를 책임지는 때론 안쓰러운 한 남자가 되기도 한다. 오빠라는 존재는 그렇게 자리매김해 왔다.

그리고 언제부턴가 '오빠'는 다양한 의미의 호칭이 되었다. 부인이 자신의 남편에게 '오빠' '아빠'라고 부를 때도 있고, 나이든 아주머니가 젊은 총각에게 서슴없이 '오빠'라고 불러도 이제는 그리 이상한 풍경이 아니다.

▌ 오빠의 재탄생

러시아 태생의 문학 평론가 바흐친Mikhail Bakhtin은 랑그Langue(추상적이고 공시적인 언어)보다 파롤Parole(일상적 언어, 맥락적 언어)을 중시했다. 추상적 언어 체계보다 창조적이고 구체적인 언어의 맥락을 강조한 셈이다. 랑그와 파롤은 스위스의 구조주의 언어학자 소쉬르Ferdinand de Saussure가 언어를 이분법적으로 나눈 개념이다. 랑그가 눈에 보이지 않는 문법 구조라면 파롤은 구체적으로 발화된 말에 해당한다. 자신만의 대화이론을 발전시키기도 했던 바흐친은 대화를 할 때 상황과 맥락을 살피는 행위를 중요시했다.

맥락을 고려하지 않는다면 '오빠'는 여성에게 있어서 자신보다 나이 많은 남자 형제를 일컬을 뿐이다. 하지만 연인 또는 부부라는 특수한 관계 속에서의 '오빠'는 사랑하는 남자에 대한 일종의 애칭이다. 음성학적으로 볼 때도 '오빠'는 '엄마'나 '아빠'처럼 어린 시절에 습득하기 쉬운 발음이며 듣기 좋은 음운이기도 하다.

이런 상황적 맥락 이외에도 사회문화적 맥락도 함께 고려되어야 한다. 1980년대와 1990년대 초에 대학가에선 남자 선배를 '형'이라고 불렀던 적이 있다. 지금 대학생들은 "왜?"라며 의문을 가질 만하지만, 그때 당시의 분위기는 여자 후배가 남자 선배를 '오빠'라고 부르는 것은 스스로를 나약하고 의존적인 존재로 인정하는 것으로 비춰졌던 것 같다(당시 대학가에서 남자 선배를 부를 때, 학형의 줄임말로 형이라는 호칭을 쓴 것이나 실제로는 여성성에 대한 부인이나 이를 드러내서는 안 된다는 강박관념의 작용일 수도 있다.). 그러나 1990년대 이후, 남자 선배를 '형'이라고 부르는 것을 들어본 기억이 별로 없다. 유행처럼 왔다 갔나? 이제는 그 호칭을 '오빠'가 대신하고 있다.

이제 '오빠'는 우리 집이나 친구의 집에 있는 그 오빠만을 지칭하는 것이 아니라, 때로는 든든하고 다정하며 살뜰히 보살펴 주고 나를 위해 기꺼이 달려와 주며 두둑한 지갑을 열어 주는 모든 남자들을 부르는 이름이 되어 가고 있다.

불혹이 넘은 나이에도 '어린왕자'라고 불리는 가수 이승환의 콘서트에 간 적이 있다. 감미로운 목소리로 노래를 부르며 환호를 받던 그가 뿌듯한 표정으로 객석을 향해 이런 말을 했다. "저보고 오빠라네요." 무대 앞쪽의 여성 관객들이 그를 오빠라고 부르며 환호를 했던 것이다. 자주 들었겠지만 40대 중반이 넘은 그에게도 오빠라는 호칭이 흐뭇했던 모양이다.

단어에는 고유의 의미가 있지만 여기에는 말하는 사람의 의도도 포함된다. 남자들은 연인 관계에서 오빠라는 말을 들으면 왠지 으쓱해지고 '이 여자가 나를 믿고 의지하는구나.' 싶어 더욱 잘해 주고자 하는 마음이 생긴다. 대부분의 남자들은 목표지향적인 경향이 강하고 자신의 능력을 과시하고 싶어 하기 때문에 누군가가 자기를 필요로 할 때 힘이 솟구치는 법이다. 반대로 친해지고 싶지 않은 여자가 자신을 오빠라고 부르면서 매달리면 그때는 오빠라는 호칭이 부담으로 작용할 것이다. 아무리 좋은 호칭도 상황에 맞게, 누울 자리를 보고 발을 뻗어야 한다. 그렇지 않으면 분위기 파악 못하는 사람이 될 뿐이다.

언어는 맥락에 따라서 그 의미나 뉘앙스가 달라진다. 남자들이

들고 싶어 하는 '오빠'는 내가 생각하는 그 '오빠'가 아니다. 사랑한다면 싸우지 말고 그냥 불러 줘도 좋을 것 같다.

"오빠."

왜 여자들은 자신의 남자에게
'누나'로 불리길 원치 않는가?

최근 가수 모 양이 아홉 살 연하남과 열애 중인 사실이 밝혀져 화제다.
아무리 요즘 '연상연하 커플'이 대세라지만, 아홉 살 차이는 다소 크게 느
껴졌는데 그것도 얼마 가지 않아서 사람들 말이 요즘은 아홉 살이 대세란
다. 적응하기 어려운 세상이다.

요즘 여성들은 연하를 좋아한다?

연하남의 장점은 젊다는 것과 적극적이라는 점, 남성미를 갖추고 있으면서
도 때론 귀엽고 앙증맞게 애교도 잘 부린다는 점이다. 그냥 아는 동생, 풋
내기 정도로만 여기고 있는데, 어느 날 관심을 표한다. "조그만 게, 어딜 누
나한테?"라는 말이 남심을 자극하는지 더 적극적으로 달려든다. "내가 누
나보다 훨씬 크죠. 누가 조그맣다고."
어느덧 로맨틱한 순간이 다가오면 '누나' 대신 조금은 조심스럽게 혹은 도
발적으로 '자기야' 혹은 '누구야'라고 불러 본다. 그러면서 살짝 눈빛을 피
한다. 연장자에 대한 예우를 해 주지 못한 것에 대한 미안함 때문일까. 남자
가 여자를 리드해야 한다는 생각과 예로부터 내려온 '장유유서' 전통이 혼
선을 빚는 순간이다.
남녀는 다르다.
생물학적으로 남자와 여자가 다르고 뇌의 기능에서도 차이가 있으며, 사회
문화적으로도 남녀는 다른 성 역할을 학습하며 자라게 된다. 그래서 남자는
더욱 남자답게 여자는 여자답게 길러지고 전통적으로 그런 남녀상이 이상
적으로 받아들여져 왔다. 그러나 남녀는 남성적인 면과 여성적인 면을 모두
갖고 있다(흥미롭게도 엄마가 아이를 임신했을 초기에 태아는 미분화 상태
로 여성형에 가깝다. 남성호르몬이 분비되느냐의 여부에 따라 남자가 될 수
도 아닐 수도 있다). 중요한 것은 두 측면을 얼마나 잘 조화시켜 균형을 이룰
것인가다. 이러한 조화와 균형은 먼저 남성과 여성이 서로의 반대 측면에 이

끌림으로써 조화를 이루고자 한다는 점이다.

여자들은 보호받고 싶다!

남자는 사냥과 전투에 능하게 진화되어 왔고 여자는 그런 남자의 보호를 받으며 가정을 돌보고 아이들을 키우기에 적합하게 진화해 왔다. 그래서 남자는 여자보다 골격이 크고 힘이 세며 피부는 거칠다. 이런 이유로 남자는 불필요한 스킨십을 싫어한다는 말도 있다. 여성의 육체도 수백만 년 동안 성 간 선택Intersexual Selection을 위해 진화를 거듭해 왔고 완벽에 가까운 신체를 갖추었다고 한다(믿거나 말거나!). 성 진화론자들에 의하면, 여성의 필요 이상으로 큰 가슴과 엉덩이, 부드러운 피부, 높은 목소리, 애교 섞인 웃음 등은 남성을 사로잡기 위해 진화해 온 산물이라고 한다. 그런 여자들이 남자에게 원하는 것은 경제적, 정서적인 지지와 안정감일 것이다.

사랑하는 사이에서 '누나'라는 호칭은 불쾌함을 불러일으킨다. 여자는 남자가 본능적으로 젊은 여자를 좋아한다는 사실을 알기 때문이다. '누나'라는 호칭은 자신의 생물학적인 노화를 깨닫게 해 주기 때문에 연인관계로 돌입했을 때, 거슬리게 되는 것이다. 연인관계에서 '오빠'가 우리가 아는 그 오빠가 아닌 것처럼, 연인 사이에서 남자가 여자를 부르는 호칭으로 '누나'는 적합하지 않다.

내 주변에는 다섯 살 이상의 연상연하 커플이 많다. 그들 중 어느 누구도 '누나'라는 호칭을 사용하지 않으며 그렇게 불리길 원하지도 않는다. 사랑하는 사람들 사이에서 중요한 건 나이 서열이 아니라 서로에 대한 신뢰와 존중이기 때문이다.

나는 길치다
공간 인식의 남녀 차이

학교 근처에서 술 약속이 있어서 차를 두고 택시를 탔다. 덕성여대로 가 달라고 하니까 운전기사가 아무 말 없이 차를 몰고 간다. 가다 보니 내가 아는 길이 아니었다. 나는 만인이 인정하는 장애에 가까운 길치지만 낯익은 길쯤은 구분할 수 있다. 꼬불꼬불한 골목길로 돌아가는 것 같아서 한마디 했다.

"아저씨, 너무 돌아가시네요."

그러자 운전기사는 나를 보며 "돌아가긴, 제일 빠른 길로 가는 건데. 그러면 어떻게 가는지 설명해 봐요." 한다. 이런! 잘못된 건 알겠는데 어떤 길로 가야 하는지 설명을 할 수 없었다. 설명을 하지 못하고 머뭇대자 운전기사는 기다렸다는 듯이 "길을 모르면 잠자코 있지, 다음부터 그런 소리 하지 말아요." 하면서 일장 연설을 늘어놓는다.

올라오는 화를 억누르며 목적지에 도착했다. 내리려는데 운전기사가 한마디 더 한다. "다음부터 그런 소리 절대 하지 마요, 알겠어요?" 너무 화가 나서 나도 한마디 했다. "아니, 말도 못 해요?" 하며 문을 쾅 닫고 돌아서면서도 분이 풀리지 않았다. 화가 머리끝까지 솟았지만 억지로 참고 약속 장소로 향했다. '길 모르는 게 이토록 큰 죄일 줄이야.' 하며.

그 이전에도 나의 길치 본능을 실감한 적이 있었다. 협력 관계에 있는 연구소 사람들과 회식을 하기로 한 날이었다. 회식 장소에 먼저 와 기다리고 있던 내게 연구소 사람이 전화를 했다. 장소가 어디냐고 묻기에 눈에 보이는 건물 이름을 알려 줬더니 "아니 그렇게 설명하면 어떻게 찾아가요?"라면서 다른 사람을 찾았다.

▌1시 방향이라는 게 어느 쪽이지?

공간 인식에 대한 남녀 차가 생기는 원인은 뇌에서 찾을 수 있다. 우리의 뇌는 좌우 반구로 나뉘어 있는데, 우뇌는 시공간 능력을 관장하고, 좌뇌는 언어를 관장하는 것으로 알려져 있다. 통상적으로 여자는 언어능력이, 남자는 시공간 능력이 더 좋다고 한다.

남자는 3차원 공간을 지각하는 능력이 있어서 머릿속에서 지도를 회전시켜 볼 수 있고 터널 비전Tunnel Vision을 통해 멀리 있는 목표물을 잘 찾아낸다. 터널 비전은 터널 속에서 터널 입구를 바라보는 것처럼 시야가 제한되는 시야협착의 일종이다. 시야가 좁은 사람에게 비유적으로 쓰기도 하는 표현이다. 이는 원시 시대를 겪으며 사냥을 하기 위해 남자들에게 특히 발달된 능력이다.

여자는 남자보다 시야가 넓고 주위 상황에 민감하다. 또한 남자에 비해 육감이 잘 발달되어 있는데 이 역시 진화의 산물이다. 대체로 여자가 집에서 가정을 돌보고 양육을 도맡아 하기 때문에 이러한 능력이 발달되었다는 해석이 있다.

  길을 설명하는 과정에서도 남녀는 다르다. 남자는 방향과 정확한 거리 등 공간 단서를 이용하지만, 여자는 건물이나 특정 거리 이름 등 언어 기억에 의존해 설명하는 경우가 많다. 남자들이 '1시 방향'이라고 설명을 시작하면 여자들은 다시 한 번 머릿속으로 1시 방향이 어디인지 생각해야 하기 때문에 처리 시간이 좀 늦어지는 경향이 있다.

  모든 남자나 여자가 그렇다는 것은 아니다. 운전을 남자 이상으로 잘하고 길을 찾는 능력도 탁월한 여자가 있는 반면, 운전하기 싫어하고 공간지각능력이 아주 떨어지는 남자들도 많다. 통상적인 확률이 그렇다는 것이다.

  공간지각능력과 방향감각은 특히 운전을 할 때 필수적이다. 부부 사이나 연인 관계에서 여자가 남자에게 운전을 배우다가 다툼이 생기는 경우가 있다. 남자는 뇌 발달 특성상 좁은 공간에서 주차를 하거나 새로운 곳을 찾아갈 때 여자에 비해 수월하다. 그러다 보니 부인 혹은 여자 친구의 미숙한 운전 솜씨가 답답하게만 느껴진다. 이런 이유로 남자가 잔소리를 하게 되면 여자는 감정적으로 서운함을 크게 느낀다.

▌ 서로의 차이를 인정하면 다툼이 줄어 든다

  나 역시 초보 운전자 시절 주차를 못해서 애를 먹은 적이 한두 번이 아니다. 한 번에 주차를 하지 못하고 우물쭈물하면 뒤에서 어김없이 빵빵거리는 소리가 들리고 어떤 남자는 한심하다는 듯이 나를 쳐다본다.

이럴 때는 남자의 눈을 응시하다가 갑자기 아주 해맑게 웃으면서 남자에게 다가간다. 그리고는 "죄송한데요, 제가 초보라서 그런데 주차 좀 해 주시면 안 될까요?"라고 말하면, 남자들은 대개 말이 끝나기가 무섭게 차에서 내려 아주 근사하게 주차를 해 주곤 어깨가 으쓱해져 있다. 한심하다는 표정은 어디로 가고 친절한 모습이 되어 "주차하기 어렵죠?" 하며 다정하게 말을 건네기도 한다.

자신의 약점을 인정하고 상대에게 도움을 청하면 생각보다 많은 사람들이 친절하게 돌변한다. 때로는 이런 단점이나 허점들이 사람들로 하여금 도와주고 싶은 본성을 불러일으키는 모양이다.

남녀의 말은 왜 다를까
냉정과 열정 사이

영화 〈냉정과 열정 사이〉 (나가에 이사무 감독, 2003)는 두 남녀의 10년 간에 걸친 사랑 이야기를 주인공 두 사람(준세이와 아오이)의 시선으로 풀어 간다.

준세이와 아오이는 대학시절에 만나 연인 사이로 발전한다. 두 사람의 사랑이 깊어지던 어느 날 아오이가 임신을 하게 되고 준세이의 아버지는 돈 때문에 임신을 했다며, 돈을 주고 준세이 곁을 떠나도록 종용한다. 아오이는 결국 낙태를 결심한다. 준세이는 아오이가 자신에게 말도 없이 낙태를 한 사실을 알고 어떻게 그럴 수 있냐고 따졌으나 오히려 아오이는 "이건 내 문제고 준세이와는 상관없다."고 말한다. 이 말에 상처를 입은 준세이는 아오이에게 자신의 집에서 떠날 것을 요구하고 두 사람은 이별을 하게 된다.

몇 년이 흐른 후 둘은 이탈리아 피렌체에서 만나게 된다. 준세이를 그리워하면서도 아오이는 옛날 일을 아직 기억하고 있냐며 자신은 다 잊었다고 말한다. 이 말에 다시 준세이는 상처를 입는다. 그러나 아오이가 서른 살이 되는 날 피렌체의 두오모 성당을 같이 올라가자던 약속을 기억하고 있었고 두 사람은 두오모 성당에서 만나 서로의 사랑을 확인한다. 하지만 두 사람은 또 다시 서로의 감정을 숨긴 채 헤어진다. 그러다가 준세이는 아오이가 결혼해서 행복하게 살고 있는 것이 아니라 밀라노에 혼자 지내고 있다는 사실을 알게 되고 그곳에서 아오이를 만난다.

▌ 몸짓과 대화 사이

준세이와 아오이는 두오모 성당에서 사랑을 나눈다. 아오이는 오래 전 약속을 지키기 위해 왔지만 준세이에게는 "네가 정말로 기다리고 있을 줄은 몰랐고 오래 전의 약속을 기억하는 편이 더 이상하다."고 말한다. 준세이는 "난 한 번도 잊은 적이 없다."고 말한다. 이렇듯 두 주인공은 서로의 마음이 제대로 전달되지 못하고 헤어짐과 만남을 반복한다.

그냥 아오이가 준세이에게 "그동안 너를 잊지 못해 고통스러웠고 너를 만나 너무 좋다."라고 직접적으로 말해 주었으면 얼마나 좋았을까. 물론 그렇게 정확하게 서로의 감정을 표현했더라면 영화는 그대로 끝나고 말았겠지만, 현실에서 이런 사랑이 지속된다면 정말 못할 짓이 아닐까?

그러나 아오이가 준세이에게 자신의 솔직한 심경을 드러내지 못했던 이유는 겉으로는 냉정함을 유지함으로써 자신의 사랑을 숨기고 자신이 상처를 받지 않기 위함이었을 것이다. 사랑하는 사이라면 사랑하는 사람이 자신을 이해해 주지 못하고 자신을 보다 더 사랑해 주지 못함에 대한 원망과 그리움이 항상 동시에 존재하는 법이다. 이러한 원망은 때론 사랑을 사랑으로 느끼지 못하게 만들고 심장을 얼음처럼 꽁꽁 얼어붙게 만드는 것인지도 모른다. 이렇게 드러내서는 안 되는 감정을 억누름으로써 자신도 모르게 위장하는 것인데, 싫어하는 사람한테 웃으면서 오히려 더 친절하게 대하는 것이 그 예라고 할 수 있다. 또한 일본의 전통적인 여성상은 자신의 감정을 솔직하게 드러내는 것을 금기시해 왔을 것이고, 이것이 아오이가 자신의 마음과는 달리 냉정하게 준세이를 밀어내도록 한 이유일 수 있다.

그러나 두 사람의 열정이 아직 살아 있음은 두 사람이 두오모 성당에서 온몸으로 보여 주지 않았던가. 입으로는 거짓을 말해도 몸은 진실함을 잊지 않았던 모양이다.

▌ 남자의 말과 여자의 말

남자의 말과 여자의 말은 분명히 차이가 있다. 남녀의 생물학적 차이에 그 일차적인 원인이 있다. 오랜 세월을 거쳐 남자와 여자는 체격과 외모, 피부 두께 등 신체적 조건은 물론 호르몬의 분비, 두뇌 회로 등의 구조가 자신의 성 역할에 맞게 발전했다. 성 역할의 분담은 남자와 여자가 각각 자신이 맡은 일을 잘 수행할 수 있도록 행동 특성과 성격, 인지 과정 등을 변화시켜 왔다.

여자는 다른 사람과 관계 맺는 것을 좋아하고, 남자는 자신의 요구에 관심을 집중하는 경향이 있어 자기중심적으로 보이기도 한다. 남자는 의사 전달을 할 때 무엇을 말할지 요점을 머릿속으로 정리를 해서 말을 하지만, 여자는 말을 하는 도중 요점을 발견하는 경향이 있다. 이러한 차이를 이해하지 못하면 대화 도중 남자는 결론부터 내리고 여자는 자신의 생각이나 기분 따위는 생각하지도 않고 결론을 내렸다고 생각하게 된다. 말다툼의 씨앗이 싹트는 것이다.

융에 의하면, 남자와 여자는 모두 남성성과 여성성을 동시에 가지고 있다. 그는 남성의 여성성을 아니마Anima, 여성의 남성성을 아니무스Animus라고 명명했다. 융은 여자와 남자는 그들 각자에 내재되어 있는 남성적 측면과 여성적 측면을 계발하여 균형을 이루는 것이 중요하다고 보았다.

이러한 균형을 이루고 내면적인 조화를 이루기 위해, 또한 서로가 계발해 놓은 남성성과 여성성을 보완하기 위해 남녀는 상대방에게 끌리게 된다. 남자는 여성적인 매력에 끌려 자신의 남성성은 유지하면서 여성성을 보강하게 된다. 여자도 남성적인 매력에 끌려 자신의 여성성을 유지하면서 남성적인 면을 키우게 된다. 상대의 차이점을 이해하고 사랑한다면 균형을 얻고 서로가 행복한 삶을 살아갈 수 있다.

역부족＋힘겹다＝역겹다? 통쾌한 말실수 | 그게 이름이 뭐였더라 건망증 vs. 명칭실어증

저 지금 떨고 있어요 사회불안 줄이기 | 혀가 짧아서 발음이 나쁘다고? 잘못된 발음습관

말을 더더더듬지 않고 싶어요 정상적 비유창성 vs. 말더듬

나나가 지구에 오면 뭐가 될까요 언어유희의 즐거움

4

실수와 유희

역부족+힘겹다=역겹다?
통쾌한 말실수

올림픽 열기가 한창 뜨겁던 어느 여름, 유도 경기 중계방송을 보고 있었다. 우리나라 선수가 준결승전에 올라 마음을 졸이며 응원을 했다. 상황이 썩 좋지는 않았다. 우리나라 선수는 경기 내내 상대에게 질질 끌려다녔다. 이대로라면 결승 진출이 어려워 보였다. 기술 한번 제대로 쓰지 못하는 모습이 보는 이들을 안타깝게 만들었다. 아무래도 한 체급 올려 출전한 것이 패인으로 보였다.

경기 종료 시간이 가까워 오자 해설자들의 목소리도 더 커졌다. 결국, 우리나라 선수는 결승 진출에 실패했다. 혹시 모를 기대에 목소리를 높이던 해설자도 한껏 풀이 죽은 소리로 "아, 한국 선수 역겹네요." 한다.

역겹다고? 역겹다는 단어가 이럴 때 쓰는 말이었나?

경기를 지켜보다가 갑자기 폭소를 터뜨렸다. 예상치 못한 해설자의 말실수로 우리 선수가 패한 상황이 무색하게 눈물을 훔치며 웃었던 기억이 난다.

해설자는 아마도 우리 선수가 질지도 모른다는 다급한 마음이었을 테고 '역부족'이라는 말과 '힘겹다'라는 두 단어가 자신도 모르게 뒤섞여 '역겹다'는 엉뚱한 말로 튀어나온 것 같다. 때로는 이처럼 예상치 못한 상황에서의 말실수가 소소한 웃음을 주기도 한다.

경기를 본 많은 사람들이 자신의 기량을 한껏 펼치지 못하는 선수를 보며 안타까우면서도 답답한 심경이었을 것이다. 현장에서 이를 중계하고 있던 해설자라면 오죽했을까. 마치 자신이 상대 선수와 겨루고 있는 것처럼 주먹을 불끈 쥐고 중계했을 그의 모습이 선하다. 패배가 확정되는 순간 해설자의 머릿속에는 다양한 단어들이 동시에 떠올랐을 것이다. 하지만 이 모든 단어를 동시에 뱉어낼 수는 없다. 말을 한다는 것은 상황에 대한 느낌이나 생각을 구체적인 언어라는 틀 속에 집어넣는 작업이다. 이 과정에서 역할 분담이 제대로 안 되면 정확한 단어를 선택하지 못하고 두 가지 이상의 단어가 합성되기도 한다.

▌ 말실수, 왜 하는 것일까

언어를 사용하는 데는 세 가지 기본적인 요소가 필요하다. 그중 첫 번째 요소인 음운은 언어의 소리에 관한 규칙이다. 두 번째 요소는 통사로 단어들이 어떻게 결합되는가에 관한 규칙이다. 세 번째 요소는 의미로 단어와 단어가 결합할 때 발생하는 뜻에 관한 규칙이다. 이 요소들을 통합해 언어를 사용하게 된다.

해설자의 말실수는 세 번째 요소인 의미와 관련이 있다. 신경학적인 측면에서 살펴보면 뇌의 측두엽과 두정엽에 위치한 기관에서 의미 처리를 하게 되고 운동 영역(뇌의 전두엽에 위치함)에서 운동 프로그램을 만들어 명령을 내리면 운동신경들을 통해 말을 산출하는 기관, 즉 성대 · 혀 · 입술 등의 조음기관들을 자극해 말소리가 나오게 된다.

이렇듯 복잡한 과정을 거쳐서 말을 하게 된다는 것은 놀라운 일이다. 또한 의식할 수 없을 정도로 짧은 시간 동안 복잡한 작업이 이루어지기 때문에 급박한 상황이 되면 우리도 모르게 실수를 하게 될 수 있다.

이런 예는 주변에서도 심심치 않게 발견할 수 있다. 말실수와 관련해서 프로이트는 잘못 말하기(말하려고 생각한 것과 다른 말이 나오는 경우), 잘못 읽기(문장을 다르게 읽는 경우), 잘못 쓰기(쓰려고 했던 내용을 다른 내용으로 대치한 경우), 망각(일정한 시간 동안 기억을 잃어버리는 것)으로 나누어 설명하고 있다. 해설자의 사례는 잘못 말하기에 해당하는 것으로 볼 수 있다.

말실수는 누구나 할 수 있다. 완벽은 신의 것. 실수는 인간을 더욱 인간답게 만들기도 한다.

그게 이름이 뭐였더라
건망증 vs. 명칭실어증

미국 여행 중에 독특한 암기법을 갖고 있는 가이드를 만났다. 버스를 타고 이동하는데, 여행가이드가 운전석 옆에서 마이크를 들고 지금까지 자신은 주로 50대 이상의 아줌마들을 상대로 가이드를 했다고 자신을 소개했다. 독특한 암기법을 개발한 것은 먹고살기 위해서였다는 말과 함께. 지명을 아무리 강조해서 설명해도 나이 든 사람들은 잘 기억하지 못했고, 몇 번이고 "그곳 이름이 뭐였지?"라고 물어 오더란 것이다.

그래서 그가 만든 암기법은 '디즈니랜드'는 '디즈니 년'으로, '그랜드 캐니언'은 '그년도 개년'이라는 식의 상스러운 것이었다. 안 그래도 느끼한 눈빛이 거슬렸는데 그의 암기법은 듣기에 매우 거북했다. 보다 쉽게 기억은 하겠지만 굳이 이런 방법을……. 그래도 그는 자신의 암기법이 인기가 좋다며 떠들어 댔다. 질펀한 욕설과 음담패설로 가득한 그 가이드의 설명이 정말 나이 든 사람들에게 인기가 있었을지는 의문이다.

▌기억을 인출하려면 단서가 필요하다

나이가 들면 자연스럽게 기억력이 감퇴한다. 특히 여자의 경우 아이를 낳으면 더 심해진다는 말을 심심치 않게 듣는다.

기억력 감퇴가 그리 특별한 일은 아니다. 누구나 사람 이름이나 사물의 명칭 또는 소소한 기억들을 조금씩 망각하며 살아간다. 모든 것을 다 기억하며 살 수는 없다.

사람이 기억을 하기 위해서는 먼저 정보에 노출되어야 한다. 그런 후에 정보를 시청각 감각으로 부호화하게 되고, 저장 과정에서 부호화된 감각기억은 단기기억, 장기기억으로 저장된다. 이렇게 저장된 정보를 회상 또는 재인식해 인출을 하게 된다.

예를 들면 '1588-7788, 칙칙폭폭 철도청'이라는 광고 문구를 듣는 과정이 정보 노출이다. 이 문구는 '아 칙칙폭폭(7788)이니까 기차랑 비슷하구나.'라고 부호화되어 머릿속에 저장되고, 정말 필요할 때 이 전화번호가 생각이 나면 인출에 성공한 것이다.

▌기억력 감퇴의 이유

노화가 진행되면서 기억력이 감퇴되는 이유로 세 가지 가설이 있다. 쇠잔Decay, 간섭Interference, 인출 실패Cue-Dependent Forgetting(단서 의존 망각) 등이 그것이다.

쇠잔이론은 시간의 흐름에 따라 기억된 정보도 점점 사라진다는 것이다. 이사를 가게 되어 주소, 전화번호 등이 바뀌게 되면 예전에 기억된 정보는 어느 정도 기억이 되다가 시간이 지나면 잊혀진다. 저장된 정보를 많이 쓰지 않아서 잊어버리는 경우다.

간섭이론은 어떤 정보가 또 다른 정보를 학습하는 데 방해로 작용하는 것으로 크게 두 가지로 나뉜다. 하나는 순행성 간섭이고, 다른 하나는 역행성 간섭이다. 순행성은 이전의 학습된 것이 다음의 학습을 방해하는 것이고, 역행성은 이후에 학습된 것이 이전의 학습된 것을 방해하는 것이다. 영화를 보고 나서 영화 제목이나 내용이 잘 기억이 나지 않을 때가 있다. 전에 본 다른 영화와 비슷한 느낌이기 때문에 그럴 수 있다. A라는 영화에 나온 배우가 B영화에 나왔는지 아닌지 헷갈린다. 이것은 순행성 간섭이다. 예전에 본 영화가 최근에 본 영화 내용에 간섭을 주어 기억이 잘 나지 않는 사례다. 반대로 최신 영화 때문에 이전에 본 영화가 기억이 나지 않으면 그것은 역행성 간섭이라고 할 수 있다.

마지막으로 인출 실패는 장기기억에서 인출할 수 있는 단서가 부족한 경우로 단서 의존 망각이라고도 한다. 친구들과 함께 여행 갔던 기억을 꺼내어 이야기할 때, 여행 장소나 묵었던 숙소 이름이 기억이 나지 않아 이야기의 흐름이 깨지기도 한다. 그럴 때 누군가가 장소나 숙소의 첫 글자를 기억해 내거나 그것과 관련된 정보를 말하면 그때서야 기억이 떠오르곤 한다. 기억에 대한 단서가 제공되었기 때문이다.

▌ 낱말이 떠오르지 않는다면? 건망증 vs. 명칭실어증

기억 속에는 있는데 명칭이 명확히 떠오르지 않아서 몇 분 혹은 몇 시간 동안 기억해 내려고 노력해 본 경험이 있을 것이다. 이와 같은 현상을 '설단현상'이라고 한다. 어떤 사실을 알고 있긴 한데 혀끝에서 맴돌며 밖으로 표현되지 않는 경우다. 이처럼 특정한 낱말을 인출하는 데 어려움이 있는 경우를 건망증Amnesia이라 한다. 나 역시 가끔 고유명사가 생각이 안 나 인출에 어려움을 겪을 때가 있다.

대부분의 사람들은 나이가 들면서 '건망증'이 생기게 된다. 어머니께서 "거실에서 그것 좀 가져와."라고 말할 때, '그것'이 무엇인지 알고 있는 경우에는 가져다 드릴 수 있지만 상황적 맥락을 모르면 문제가 된다. "어떤 거요?"라고 물으면 어머니들은 보통 "왜 그거 있잖아, 둘째가 사온 거."라는 식으로 설명한다.

나이가 들어 가면서 건망증이 늘어나는 것을 '노인성 건망증 Senile Amnesia'이라고 한다. 이와 비슷한 증상으로 명칭 실어증이 있는데, 주로 낱말이나 명칭이 떠오르지 않는 것을 말한다. 그러나 실어증은 뇌손상에 의한 언어장애로 손상 부위에 따라 그 유형이나 증상이 다르다. 명칭실어증은 많은 유형의 실어증 중에서도 가벼운 정도의 언어장애로 낱말 찾기에 어려움이 있어서 이름을 말할 때 힘든 경우라고 볼 수 있다. 우리가 일상적으로 겪게 되는 건망증을 가지고 실어증이라고 판단하긴 어렵다.

▌ 술 많이 마시면 기억이 사라진다? 코르사코프 증후군!

　기억해야 할 정보를 이미 알고 있는 지식과 연결하기 위해 특정 장소와 연결시키는 방법이 있다. 예를 들어, 집에 오는 길을 생각하면서 분식집, 제과점, 세탁소, 슈퍼마켓, 놀이터 등을 떠올리며 이 장소와 연결된 마음속 이미지를 형성한 후 기억을 인출할 때는 각 장소를 순서대로 탐색하면서 항목을 떠올리는 것이다. 이 방법을 쓸 때 주의할 점은 각 장소들이 나에게 정말 익숙한 장소여서 별다른 노력 없이도 쉽게 순차적으로 생각이 나는 장소여야 한다는 것이다. 그렇지 않으면 장소까지도 잊어버리게 돼 인출이 더더욱 어려워진다.

　조선시대의 왕 이름을 '태정태세문단세…….'식으로 앞 글자만 따서 외우는 방법도 이와 비슷하다. 기억해야 할 항목의 순서를 기억하는 데 유용하게 쓸 수 있는 방법이다. 마찬가지로 각 원소 기호들의 이름을 외울 때도 앞 글자만 따서 '칼칼라망알연…….'으로 외우던 것도 흔히 쓰던 방법이다.

　가끔 자주 쓰던 단어가 잘 떠오르지 않거나 아무리 기억을 하려 해도 되지 않을 때, 살짝 두려워진다. 혹시 술을 너무 많이 마셔서 그런 건가.

　오늘부터 단주다!

나이를 먹지 않는 기억, '거울 속의 노인은 누구인가?'

『아내를 모자로 착각한 남자』(올리버 색스 저/조석현 역)라는 책에 잠수함 승무원 지미의 이야기가 나온다.

책의 저자는 1975년 그를 만난다. 그의 외모는 머리가 희끗희끗하였지만, 깔끔하고 단정하다. 그는 "날씨가 참 좋네요."라며 친근하게 다가와 자신의 이야기를 하기 시작한다. 그러나 불행히도 그의 기억은 그가 19세이던 수십 년 전에 머물러 있다.

거울 속에 비친 자신의 모습을 보며 '이 사람이 누구인가?' 하며 당황해하지만, 그 기억은 그러나 오래 가지 못한다. 몇 분 후 그는 다시 "안녕하세요, 날씨가 참 좋네요."라며 마치 처음 만난 것처럼 이야기를 시작한다. 다시 이전의 기억 속으로 되돌아간 것이다.

이렇게 알코올에 의해 발생하는 알코올성 기억상실을 코르사코프 증후군이라고 하는데, 코르사코프 증후군은 1887년 코르사코프라는 의사에 의해서 처음 보고되었다.

코르사코프 증후군 환자들은 치명적으로 기억을 상실하는데, 알코올중독 이전의 기억을 상실하는 역행성 기억상실이 일어나고 이렇게 상실된 기억을 메꾸기 위해 그 사이에 일어난 일을 만들어 내서 말하는 작화증을 보이기도 한다. 그러나 코르사코프 증후군은 극심한 알코올중독에서도 드문 현상이고, 뇌종양이나 다른 원인 등으로 발생하기도 한다.

극심한 기억상실에도 불구하고 당사자는 자신이 단기기억상실에 빠졌다는 것을 인식하지 못하는 경우가 많다. 그러나 이전의 기억은 남아 있어 습관화된 동작은 그대로 하기도 한다.

저 지금 떨고 있어요
사회불안 줄이기

아프리카로 여행을 떠난다. 왜 아프리카냐고 물어 오는 사람들이 있다.

'아프리카'는 원시의 삶이 살아 있는 지구상에 몇 안 되는 곳 중에 하나다. 나는 그런 아프리카에 늘 가고 싶었다. 지금까지 경험해 보지 못한 새롭고 낯선 상황에 나를 던지고 모험을 즐기고 싶다는 생각 때문일 것이다.

그러나 대부분의 사람들은 낯선 장소, 낯선 상황에 처하는 것을 두려워하는 경우가 많다. 특히 낯선 사람을 만나는 것을 두려워하는 사람들이 많다. 낯설다는 것은 흥미를 유발하는 것일 수 있지만, 알 수 없는 위험에 노출된다는 것일 수도 있다. 위험한 상황에 처할 수 있다는 생각은 일어나지도 않은 일에 대한 불안으로 이어진다. 이런 불안과 공포는 수천 년 동안 인류가 살아남기 위한 '생존기제'로 작용했다. 분명, 불안이 많고 조심성이 많았던 원시인은 그렇지 않은 원시인보다 오래 살아남았을 것이다. 이런 적자생존의 과정을 거쳐 원시인들의 '불안'과 '공포'는 현대인의 무의식에 존재한다.

문명화된 도시에서 뱀을 볼 일이 거의 없음에도 여전히 사람들이 '뱀'에 대한 두려움과 공포를 갖고 있는 이유가 여기에 있다. 그러나 뱀과 같은 동물에 대한 공포와 사회공포증(불안)의 경우는 그 기저가 다르다. 무리를 짓고 사회를 이루며 살아가야 하는 인간 사회에서 사회공포증이 나름의 적응적 가치를 지녔을 것으로 생각해 볼 수 있다.

▌하던 지랄도 멍석 펴 놓으면 안 한다

사회불안까지는 아니더라도 다른 사람의 시선을 의식하게 되면 많은 사람들이 긴장을 하게 된다. 나 역시 그 때문에 실수를 한 경험이 있다.

석사 논문을 마치고 포스터 논문 발표를 앞두고 있을 때였다. 일본 학회에 가야 했기에 가까운 은행에 환전을 하러 갔다. 여름휴가철이라서 환전 수수료를 70%나 깎아 준다는 안내 문구를 보고 기분 좋게 은행 창구로 향했다. 서류에는 여행 목적과 이름, 국적, 그리고 여행할 나라 이름을 영어로 적으라고 돼 있었다.

그런데 이게 웬일인가? '일본'의 영어 철자가 갑자기 생각나지 않는 것이다. 어이가 없어 웃음이 나왔지만 그냥 생각나는 대로 써 버렸다. 그래서 쓴 것이 'Janapanes'다.

분명 틀린 건 알겠는데 그 쉬운 단어 철자가 생각나지 않으니 그냥 적어서 주는 수밖에 없었다. 이러고도 영어를 20년 공부했다 할 수 있을까. 포스터 논문을 밤새 영어로 영작했지만 이런 쉬운 단어 하나 기억 못한 것이다. 당황스러운 마음에 환전 받은 돈을 얼른 받아 챙겨 도망치듯 은행을 빠져나왔다.

아마도 혼자 있었다면 'Japan'이라는 단어를 쉽게 떠올렸겠지만 은행 직원이 나를 빤히 지켜보고 있다는 상황 때문에 불안과 당황스러운 감정이 증가한 것이다. 그냥 직원에게 "일본의 영어 철자가 뭐죠?"라고 물어보면 간단했겠지만 자존심이 허락지 않았다. 무식해 보이고 싶지 않다는 속마음에 어떻게든 빨리 단어를 생각해 내려고 하니 더욱 조급해지기만 했던 것이다.

사회공포증이 있는 사람들은 낯선 상황이나 장소, 낯선 사람들이 많은 곳에 가게 되는 것과 같은 자신이 두려워하는 사회적 상황에 처하게 되면 자신을 사회적 대상Social Object으로 인식해 주변보다 자신에게 주의를 기울이는 경향이 강하다. 이들은 다른 사람들로부터 부정적인 평가를 받을 것이라는 예상을 하게 되고 그럴수록 자신의 부정적인 면에 집중하게 된다. 이렇게 주의가 내부로 초점화되는 현상을 심리학 용어로 '자기초점화주의'라고 한다. 자기초점화주의에 빠진 사람은 외부에 존재하는 실제적이고 객관적이며 긍정적인 응답을 얻을 기회를 놓치게 된다. 이러한 '자기초점화주의'는 불안과 관련한 신체적 단서(두근거림, 떨림)에 대한 자각을 높이고 더 큰 불안을 유발하는 촉매 역할을 한다.

소개팅에 나간 남자의 예를 들어 보자. 처음 만난 매력적인 여성 앞에서 남자는 시선을 어디에 두어야 할지부터가 걱정이다. 유난히 떨리고 있는 어정쩡한 손의 위치도 신경이 쓰인다. 순간적으로 이 손이 내 손이 아니었으면 하는 생각까지 든다. 남자는 상대가 이런 자신을 얼마나 바보처럼 여길 것인지 신경이 쓰여 그녀가 하는 말에 집중할 수가 없다. 말할 때마다 입술은 부르르 떨리고 이제는 침조차 삼킬 수가 없다. 침 넘어가는 소리가 너무 크게 의식이 돼 상대가 이상하게 생각할 것만 같기 때문에 아무 말도 하지 못하고 몸은 점점 더 경직되어 간다. 이제 남자는 어떻게 하면 이 상황에서 벗어날 수 있을 것인가에만 몰두하게 되고 결국 갑자기 일이 생겼다는 핑계를 대고 그 장소에서 도망치듯 벗어난다.

이렇듯 사회불안이란 특정한 사회적 상황에서 예민해지거나 불편해지는 경향으로 어떤 일을 수행해야만 하거나 다른 사람이 나를 지각하고 평가할 때 혹은 그러한 상황이 예상될 때 경험하는 불안을 말한다. 이때 다른 사람이란 낯선 사람, 권위적인 인물, 매력적인 이성일 경우가 많다. 남들이 지켜볼지도 모르는 상황에서 어떤 일이나 행동을 할 때 긴장감과 불안을 느끼는 것은 많은 사람들이 경험하는 자연스러운 현상이다. 어느 정도의 사회불안은 효과적인 대인관계 기능이나 일의 진행을 촉진시키는 긍정적인 기능을 하기도 한다.

예를 들어, 시험을 볼 때 주어진 시간 내에 집중해서 문제를 풀지 않으면 좋은 점수를 얻기 어렵다. 이럴 때 적당한 긴장이 수반되지 않고 긴장이 풀려 있거나 너무 이완되어 있으면 곤란하다. 그러나 지속적으로 심한 불안감을 느낄 경우 본인의 심리적 고통뿐만 아니라 수행 상황 및 대인관계에서 심각한 문제가 야기될 수 있다.

사회불안을 느끼는 대상을 기준으로 수행 상황에서 느끼는 수행불안과 대인 상황에서 느끼는 대인불안으로 나누기도 한다. 수행불안은 개인이 중요하다고 느끼는 과제 수행 상황에서 느끼는 긴장감, 걱정 및 두려움을 의미하고 대인불안은 낯선 사람에게 노출되

거나 다른 사람이 지켜볼 수 있는 상황에서 느끼는 현저하고 지속
적인 두려움을 뜻한다.

▌ 완벽해야 한다는 생각을 버리면 인생이 즐겁다

맘에 드는 이성 앞에서 긴장을 하는 것은 당연한 일이다. 그리고
남자가 긴장하는 모습이 상대에게는 오히려 '순진하다'라는 인상을
줄 수도 있다. 이럴 때는 차라리 긴장하지 않으려고 하기보다는 "미
인 앞에 있으니까 많이 떨리네요. 제가 미인울렁증이 있어서요." 등
의 말을 통해 자신이 긴장하고 있음을 상대에게 알리는 것도 한 방
법이다. 이 방법을 통해 불안감이 줄어드는 것을 느낄 수 있을 것이
다. 또한 상대에 따라 '내가 마음에 드나 봐. 내 앞에서 긴장하는 것
을 보니 귀엽네.'라고 받아들이기도 한다. 하지만 불안한 심정을 드
러내기란 역시 쉽지 않다. '실수를 하면 끝이다. 그리고 상대가 나
를 바보로 볼 것이다.'라는 생각 때문에 긴장하고 불안한 모습을 보
이지 않으려고 필사적으로 노력하지만, 뜻대로 되지 않는 경우가
더 흔하다.

이렇게 불안과 긴장이 높은 사람은 자신이 평소에 가지고 있는
생각들을 점검해 볼 필요가 있다. 평상시에 스트레칭이나 이완 운
동을 통해 몸을 편안하고 이완된 상태로 만들어 보는 것도 도움이
될 수 있다.

남들 앞에서 이야기를 해야 한다거나 남이 나를 지켜보는 상황
에서도 긴장이 되기 마련이다. 이런 긴장감 때문에 더욱 준비를 열

심히 하기도 한다. 적당한 긴장은 오히려 수행능력을 높여 준다. 다만 이런 사회적 상황을 필요 이상으로 두려워하게 될 경우 그 두려움에만 신경을 쓰게 된다. 이는 오히려 자신이 가진 능력을 발휘할 수 없게 하거나 아예 사회적 상황 자체를 회피하게 되는 부정적 결과로 이어질 수 있다.

사회불안을 줄이기 위해서는 일단 다른 사람 앞에서 무조건 완벽하게 잘 해내야 한다는 부담감부터 줄여야 한다. '남들 앞에 서면 나만 떨리는 것이 아니니 약간은 실수해도 이해해 줄 거야.'라고 생각하면 마음이 좀 편해질 것이고, 실수를 줄이기 위해 준비도 더욱 열심히 하게 된다.

한 교수님께서 사회적 상황에서 유난히 긴장감이 없는 자신의 선배 이야기를 해 주신 적이 있다. 그 선배는 자신의 발표 수업인데도 전혀 발표 준비를 하지 않았다. 그럼에도 그의 표정은 너무 태평했다. 오히려 보다 못한 동료들이 자료를 옆에서 건네주었고, 그 선배는 태연히 동료들이 준 처음 보는 자료를 들고 나가 발표를 완벽하게 마쳤다. 그리고는 아무 일 없다는 듯이 돌아와 앉았다. 동료들은 하도 어이가 없고 신기하기도 해서 쉬는 시간에 그 선배에게 어떻게 그렇게 뻔뻔하게 떨지도 않느냐고 물었다. 그 선배는 "왜 떨려? 해 오면 해 온 대로 하고, 안 해 왔으면 안 해 온 대로 하는 거지."라고 답했다고 한다. 대범하길 타고난 사람이었던 것이다. 물론 이렇게 대범한 사람이 많지는 않고, 이들을 무조건 본받을 필요도 없다.

중요한 것은 사회불안은 개인의 마음가짐에 따라 극복할 수 있는 여지가 충분하다는 것이다. 선천적으로 불안을 많이 갖고 태어나는 사람도 있기는 하지만 인지적인 변화에 따라 불안감도 조절이 가능하다. 노력을 통해 사회불안에 따른 실수 역시 줄여 갈 수 있다. 그러니 남들 앞에서 실수하는 것을 너무 두려워하지는 말자.

혀가 짧아서 발음이 나쁘다고?
잘못된 발음습관

배우 최 모 양의 별명은 한동안 '실땅님'이었다. 그녀가 드라마에서 '실장님'이라고 발음할 때마다 마치 '실땅님'처럼 들렸기 때문에 붙은 별명이다. 사람들은 배우의 혀가 짧기 때문이라고 단정지었고, 개그 프로그램에서 패러디를 양산하기도 했다. 그런데 정말 그녀는 혀가 짧을까?

주변에도 발음이 정확하지 않은 남자가 있다. 그가 말을 빨리하거나 말이 길어지면 사람들은 그의 말을 알아듣는 데 어려움을 겪는다. 사람들은 역시 그의 혀가 짧기 때문이라고 생각했다. 한번은 바자회 때문에 단체 운동복을 맞춘 적이 있다. 야심차게 준비한 것이었지만 막상 결과물을 보니 디자인과 색깔이 영 마음에 들지 않았다. '80년대 아저씨 패션'을 연상케 하는 거무스름한 주황색이었다. 다른 사람들은 이걸 어떻게 입느냐며 입이 삐죽 나와 있는데, 그는 그래도 공짜라고 좋아했다. 그리고는 "공짜 추니닝 한 벌 더 있으면 좋겠다. 안 입을 거면 나한테 버여."라고 사람들에게 말했다. '추리닝'(트레이닝복)을 '추니닝'으로, '버려'를 '버여'로 발음한 것이다. 나 역시 처음엔 무슨 말인지 몰라 "버여?" 하고 몇 번이나 물었다. 그때마다 그는 "버여?" 하고 대답했고, 사람들은 웃음을 참느라 입을 틀어막았다.

　많은 사람들은 혀 길이가 짧으면 발음이 부정확하다고 믿고 있다. 그러나 대부분은 혀의 길이와 상관없이 말소리를 내는 방법에 있어서 잘못된 습관 때문에 발음이 불분명한 것이다.

　배우 권 모 군, 최 모 양 등은 불명확한 발음으로 개그의 소재가 되곤 했다. 일부러 이렇게 발음하는 경우도 있다. 닭살커플들의 주무기인 일명 '혀 짧은 소리'가 그것이다. 주변 사람들의 속을 울렁거리게 만드는 발음이지만 정작 본인들은 개선할 마음이 없을 것이다. "사랑해."보다는 "따랑해."가 좋다는데 어쩌겠는가.

▌혀의 길이가 아니라 혀의 위치가 중요하다

　배우 최 모 양의 대사 중 화제가 됐던 '실땅님'은 혀를 앞쪽으로 내밀어 발음하는 전설음화가 습관이 된 탓으로 보인다. 혀와 입술, 치아, 입천장 등 조음기관의 기능에 문제가 있을 경우에는 마사지와 같은 직접적인 자극을 통해 기능을 개선하는 방법이 있다. 그 후에 조음기관들의 정확한 위치나 조음 방법을, 움직임을 가르치거나 소리를 듣고 변별하는 능력을 가르치는 조음 치료를 통해 개선할 수 있다.

　그러나 혀의 아래쪽을 따라 붙은 설소대(입 바닥부터 혀 아래 표면의 중앙선까지 이어져 있는 작고 흰 인대 조직)가 비정상적으로 짧은 경우도 있다. 설소대가 이렇게 짧을 경우 혀의 운동성을 방해해 조음 문제를 일으킬 수 있다. '설소대 단축증Ankyloglossia'이라고 하는데 이 경우 설소대를 잘라서 말소리를 개선할 수 있다. 하지만 설소대만 잘랐다고 발음이 명료해지기를 기대하기는 힘들다. 그 전까지의 잘못된 습관대로 말소리를 내려 하기 때문에 개선되기까지는 시간이 필요하다. 외과적 시술을 하고 즉시 지속적인 언어치료를 병행해야만 말소리 개선에 도움이 될 수 있다.

이처럼 명확하지 않은 발음이 선천적인 혀 길이 탓은 아니다. 자신의 발음에 문제가 있거나, 말을 할 때 유난히 침이 고이고 튄다거나, 다른 사람이 내가 하는 말을 잘 못 알아들을 때는 미루지 말고 전문적인 상담을 받고 치료를 해야 한다. 특히 아이들에겐 더 중요하다.

잘못된 습관이 오래 누적되면 이를 교정하는 데 그 이상의 비용과 시간과 노력이 필요하다는 사실을 기억해야 한다.

말을 더더더듬지 않고 싶어요
정상적 비유창성 vs. 말더듬

　영국 왕 조지 6세는 말더듬이었다. 국민을 상대로 중요한 연설을 해야 할 상황이 많은 그에게 이는 치명적이었다. 제83회 미국 아카데미 시상식에서 작품상을 수상한 영화 〈킹스 스피치〉(톰 후퍼 감독, 2011)는 많은 사람들 앞에서 개회 연설을 맡은 조지 6세의 긴장된 표정으로 시작된다. 말 한마디 꺼내지 못하고 망설이던 그가 드디어 입을 열었을 때 자리를 메운 수많은 영국인들은 일제히 낙담한다. 왕이 심하게 말을 더듬었기 때문이다.

　내 직업 때문인지 자신이 말더듬이가 아닌지 물어오는 경우가 많다. 말더듬이를 캐릭터화하여 자신의 개그 소재로 삼고 있는 개그맨도 있지만 일반인에게 말더듬 증상은 걱정거리 중 하나다. 특히 중요한 발표를 앞두고 있는 경우에는 신경이 쓰일 수밖에 없다.

　대부분의 사람들은 여러 청중 앞에서 발표를 해야 하는 상황이나 낯선 장소에서 낯선 사람을 만나야 하는 상황에서 말이 평소처럼 편안하게 나오지 않는다. 특히 상대가 나를 주시하고 있거나 권위적인 인물이나 매력적인 사람이라면 더욱 긴장하게 된다.

　실제로 많은 사람이 조금씩은 말을 더듬는다. 말하려는 내용에 다른 내용을 첨가하거나 정확한 다른 낱말로 바꿔 말해야 할 때, 낱

말을 덧붙이거나 수정하기도 하고 어절을 반복하기도 한다. 때로는 이 때문에 말이 끊어질 때도 있다. 이 정도는 크게 걱정할 만한 것은 아니다. 이런 상황에서는 보통 별다른 의식 없이 다음 말을 준비하고 계속 이어간다. 이 정도의 말더듬을 언어병리학에서는 '정상적인 비유창성'이라고 칭한다.

뇌에서 말하고자 하는 내용을 프로그래밍하고 그것을 호흡기관, 발성기관, 조음기관의 근육들에 운동명령을 내리는 과정을 거친 후에야 우리는 말을 하게 된다. 그런데 갑자기 말하고자 하는 내용이 바뀌게 되면, 이 복잡한 과정이 전체적으로 재편되면서 관련된 수많은 근육들의 협응 관계가 깨지기 쉽다. 이럴 때 사람들은 말을 더듬는다.

▌천천히 말한다고 말더듬이 줄어들지 않는다

정상적인 수준을 넘어선 말더듬증을 '유창성 장애'라고 한다. 말을 하고 있을 때 근육운동의 붕괴로 소리가 나지 않는 막힘, 음절 반복, 연장, 삽입, 단어의 깨짐, 돌려 말하기 등으로 나타난다. 이 자체로 의사소통에 어려움을 겪을 수 있고, 이에 대한 상대의 반응이 부정적이면 말더듬 증상은 심화된다.

흔히 사람들이 버벅거릴 때 같은 단어나 구를 반복하는 경우가 많다. 예를 들어, '학교에 학교에 갔는데'는 흔히 사람들이 하는 말 실수라고 할 수 있다. 그러나 말더듬은 음소나 음절을 반복하는 경우가 많다. 예를 들면 '하하하학교' 같은 경우다.

말더듬의 증상으로는 말소리의 반복Repetition("놀놀놀이터에서 놀았어." "가가강아지가 예뻐.")과 연장Prolongation("하아――학교에 갔어요." "사아――람들이 많아요."), 막힘Block(말할 때 조음기관이 멈추는 것) 등이 있다. 이런 말더듬 증상이 오래되면 이 증상으로부터 빠져나오려는 탈출행동과 말을 사용하지 않으려고 대화 상황을 피해 버리는 회피행동이 나오게 된다.

말을 더듬는 사람들을 보면 일반적으로 '그럼 말을 더듬지 말고 천천히 하면 되지.'라고 생각할 수도 있다. 하지만 말을 더듬기 시작하면 말더듬을 멈추거나 말더듬이 나오지 않게 하는 것이 힘들다. 말더듬을 조절할 수 있다면 얼마나 좋을까? 원해서 말을 더듬으려는 사람은 아무도 없다.

▌말더듬은 불치병이 아니다

말을 더듬는 사람들이 겪는 심적 고통은 그렇지 않는 사람들이 생각하는 것보다 심각하다. 최근 한 남학생이 말더듬과 관련해 언어치료를 받으러 왔다. 이 남학생은 이미 증상이 매우 심각해 보였다. 사람과 눈을 마주치지 않았고, 가끔 이유 없이 미친 사람처럼 웃거나 책상을 두드리고 헛기침을 하는 등 말을 더듬는 상황이 되면 이를 위장하기 위해 다양한 2차 행동을 했다. 또한 스스로 말을 더듬는다는 사실을 완강하게 부인했다.

그 배후에는 말더듬이 '불치병'이며, '다른 사람이 알아서는 안 되는 수치스러운 것'으로 여기는 부모의 생각이 뿌리 깊게 내재해 있었다. 실제로 이 남학생의 아버지는 나에게 "나는 내 아들이 말을 더듬는 것을 원치 않는다."면서, "말을 천천히 하면 말더듬은 사라질 것이니 천천히 말하는 교육을 통해 발음 교정을 해 주세요."라고 요구했다. 심지어는 한 벽면이 거울로 돼 있는 방에서 스스로 자신의 모습을 보면서 교정을 해 나갈 수 있다고 말하기도 했다. 장시간의 상담과 설득에도 불구하고 이 남학생의 부모는 뜻을 굽히지 않았고 치료는 그대로 종결됐다.

말더듬이 완벽하게 치료되는 경우도 있고 그렇지 않은 경우도 있지만 치료를 통해 어느 정도 호전될 수 있다. 하지만 치료에 앞서 말을 더듬는 것이 수치스러운 일이 아니라 '말을 더듬을 수도 있지.'라는 생각을 가짐으로써 편안하게 생활할 수 있도록 하는 것이 무엇보다 중요하다.

만약 주위에서 말을 심하게 더듬는 사람 혹은 같은 말을 반복하는 사람, 특별한 증세가 보이지는 않지만 자신이 말더듬이라고 생각하는 사람과 대화를 하게 된다면 그의 말을 편안하게 들어주는 것이 좋다. 그것만으로도 상대는 마음이 안정돼 말을 더듬는 횟수가 눈에 띄게 줄어들 것이다.

나도 혹시 말더듬이?
— 말더듬이의 진단기준 —

1. 정상적인 말의 유창성과 말하는 시간 양상에서의 장애로, 다음 중 한 가지 또는 그 이상이 빈번하게 나타나는 것이 특징이다.
   · 말의 음절 반복
   · 말을 길게 하기
   · 별안간 내는 소리
   · 깨어진 단어(예: 한 단어 내에서 머뭇거림)
   · 들을 수 있거나 조용한 상태에서의 말 머뭇거림(힘이 주어지거나 힘이 주어지지 않은 말의 멈춤)
   · 넌지시 돌려 말하기(문제 있는 단어를 피하기 위한 단어 대치)
   · 과도하게 신체적 긴장이 있는 단어
   · 단음절 단어의 반복(예: "난-난-난-난 그를 본다.")

2. 말이 유창하지 못함은 학업적, 직업적 성취나 사회적 의사소통을 방해한다.

3. 만약 운동성 언어 결함이나 감각성 언어 결함이 있다면 말하기 장애는 통상적으로 이러한 문제에 동반되는 정도를 초과해서 심한 정도로 나타난다.

출처: 미국 정신장애진단 및 통계편람
(DSM-Ⅳ: Diagnostic and Statistical Manual of Mental Disorders)

나나가 지구에 오면 뭐가 될까요
언어유희의 즐거움

우리 연구소에 오는 미소년이 있다. 그 아이와 나눈 대화 내용이다.

"선생님, 집에 갔더니 웬일로 엄마가 진수만(성)찬을 차려 놨더라고요."

어느 날은, 선생님은 머리가 진짜 나쁘다며,

"선생님, 그 머리는 어디다 쓸 거에요? 머리 좀 굴려요." 한다.

"너무 버릇없이 말하는 거 아니야? 어른한테는 말조심해야지." 하니까,

"알아요, 저도. 낮말은 새가 듣고, 밤말은 쥐가 듣는다면서요." 한다.

눈보라가 치는 날, 차로 집에 데려다 주고 오려고 나갔더니,

"선생님 금상첨화(설상가상)네요. 눈과 비가 함께 오다니."

이 아이는 의도적으로 나를 웃기기 위해 이런 말실수를 한 것은 아니다. 이런 식으로, 많은 사람이 부정확하게 발음하거나 다른 음절로 대치하거나 상황이나 맥락에 맞지 않은 얘기를 하는 등의 실수를 한다. 자신도 모르게 이런 실수를 하면서 의도하지는 않았지만, 웃음을 자아낸다.

심리학자 프로이트는 말실수조차 의도된 것일 수 있다고 보았

다. 유명한 예로 국회의장이 개회사를 하면서 "국회가 폐회되었음을 선언합니다."라고 말한 일이 있다. 아마도 그는 그 회의를 빨리 폐회시키고 싶었을 것이고 그러한 그의 심리가 말실수로 연결됐을 가능성이 높다.

이와 반대로 개그맨들은 의도적으로 말실수를 해서 사람들을 웃기곤 한다. TV 예능프로그램 〈무한도전〉의 멤버인 박명수는 "안녕하셧셌에요?"라는 이상한 말투로 웃음을 유발한다. 같은 프로그램에 출연하고 있는 정준하는 바보 캐릭터로 인기몰이를 하던 시절에 구구단을 외운다며 "삼일은 삼, 삼이는 사미자." 하는 식의 개그를 구사했다.

의도적이든 아니든 잘못 표현되거나 상황에 맞지 않은 엉뚱한 말들은 사람들을 웃게 만든다. 의도적으로 말을 바꾸는 방법이나 일종의 말장난들은 언어유희라고 부를 수 있다. 이를 특별히 즐기는 사람들도 있다.

〈재미있는 퀴즈클럽〉이라는 오락 프로그램이 있었다. 이 프로그램의 작가로부터 인터뷰 요청이 들어온 적이 있다. 자신들의 프로그램에 나오는 넌센스 퀴즈나 유머의 효용성에 대해 이야기해 달라는 것이었다.

█ 언어를 갖고 놀수록 표현도 풍부해진다

언어유희의 예로, 그 당시 프로그램에 소개되었던 문제 하나를 내고자 한다. "텔레토비에 나오는 나나가 지구에 왔다를 다섯 글자로 표현하면?"이라는 문제가 있었다. 정답은? "지구온난화."

이 답을 듣고 한 개그맨은 '지구에 온 나나' 즉 '온 나나'와 '온난화'는 엄연히 글자 표기가 다르지 않느냐고 따져 물었다. 하지만 따진다고 될 문제가 아니다. '동음이의어'식 말장난이니까. 그냥 "아하!" 하고 넘어가면 된다. 이런 말장난은 임의로 말을 가지고 장난한 것이니까 어떻게 보면 말실수를 고의적으로 한 것이라고도 볼 수 있다.

언어는 뇌가 잘 기능해야만 원활하게 표현될 수 있다. 그런데 여기에 한술 더 떠서 언어를 가지고 논다는 것은 분명 상위의 기능을 요구한다. 그리고 이러한 상위의 기능을 이해하기 위해서는 어느 정도 기본적인 인지능력이 요구된다.

언어유희는 동음이의어나 각운 등을 이용해 보다 재미있게 말을 꾸미는 행위이다. 가령, 화장실에서 아이가 엄마에게 "엄마, 휴지 떨어졌어요."라고 말하자 엄마가 "그럼 주워라."라고 답하는 식의 유희가 동음이의어를 활용한 예다. 이런 언어유희는 아이들에게 흥미를 유발하고 한 번 더 생각할 기회를 갖도록 한다는 점에서 긍정적이다. 또한 언어 표현을 보다 풍부하게 만들고 수수께끼나 속담을 이용해 은유적인 표현을 이해하고 익히도록 할 수 있다는 점에서도 유용하다. 또한 어른들에게는 닫혀 있는 사고를 전환시켜 보다 유연한 사고와 삶의 여유를 줄 수도 있다. 일상생활에서도 끝말잇기, 넌센스 퀴즈 등의 형태로 자주 사용된다.

언어유희는 말장난, 유머, 농담 등으로 다르게 표현할 수 있다. 그런데 정신분석 이론에서는 유머를 개인에게 불안과 갈등을 일으키게 하는 무의식적인 소망의 성적 또는 공격적인 수단으로 본다. 이러한 충동들을 직접적으로 표현하는 것이 사회적으로 금기시되기 때문에 유머는 간접적이면서 사회적으로 받아들여지는 방식으로 표현된다.

■ 유머는 성숙한 방어기제

프로이트에 따르면, 유머는 승화와 같은 성숙한 방어기제로, 유머를 통해 인간은 자아를 위협하는 상황을 거부하고 현실적 요구에서 벗어나려고 한다. 다시 말해, 그는 유머를 현실 세계에서 공상의 세계로 퇴행하는 적응 형태로 보았다. 유머는 사람들에게 카타르시스를 주는 한편 충동을 억제하고 제한하는 수단으로 사용되었다는 점에서 가치를 찾을 수 있다.

또한 인지적 관점에서는 유머를 '불일치를 이해하는 능력'으로 보고 있다. 이는 아동의 지적 능력과 관계있는 것으로 유머가 아동의 인지발달과 관계가 있음을 의미한다. 유머나 농담을 이해하려면 사물의 특성을 알아야 한다. 그래야만 그 사물의 의미를 다른 새로운 관계로 재구성할 때 발생하는 반전의 즐거움을 알아차릴 수 있다.

이러한 부조화는 '기대했던 것과는 다른 결말'에서 오는 불일치를 메우려는 인지적 노력으로 볼 수도 있다. 유머를 이해하고 즐기기 위해서는 기본적인 지식을 갖추고 있어야 하고 사회문화적 배경을 이해할 수 있어야 한다. 예를 들어, "호랑이와 곶감이 달리기 시합을 했다. 누가 이겼을까요?"라는 넌센스 퀴즈에 대한 답은 무엇일까?

답은 "곶감(곧 감)"이다. 이를 이해하기 위해서는 『호랑이과 곶감』
이라는 우리나라 전래동화를 알고 있거나 적어도 곶감이 무엇인지
를 알고 있어야 한다. 한국인에게 호랑이와 곶감은 친숙한 용어이
고 쉽게 연상되는 조합일 수 있지만, 외국인에게는 그렇지 않다. 또
한 '곶감'과 '곧 감'의 동음이의어에 대해 직감적인 이해가 필요하다.

▎인간이 생활하는 곳이면 어디든 유머가 있다

유머나 농담은 대인관계에서 적대감을 감소시키고 개인 또는 집
단의 사기를 유지하는 사회적 매개체의 기능을 하기도 한다. 특히
최근에는 유머감각이 있는 사람들이 인기가 높다.

유머를 포함한 언어유희는 불안이나 긴장 등 스트레스를 해소하
는 데 도움을 줄 수 있고 사회적 상호작용을 촉진한다. 때로는 개인
의 우월감을 과시하는 수단으로 사용되기도 하고, 문제 해결에 도
움이 되기도 한다.

프란치니Franzini는 "인간이 생활하고 커뮤니케이션이 가능한 곳
이라면 어디서나 유머는 존재한다."라고 말했다. 가끔 그럴 것 같
지 않은 사람이 하는 실수는 자신에게는 당혹스러운 일이겠지만,
주변 사람들에게 즐거움을 준다. 나의 실수로 다른 사람이 웃을 수
있다면 이 한 몸 희생한들 어떠하리.

5

표정과 몸짓

몸이 하는 말을 들어 보세요
몸짓의 심리

　잔인하게 살해된 노부부의 아들이 경찰서에 출두했다. 아들은 말을 잇지 못하고 눈물을 흘리면서 슬프게 운다. 이를 지켜보는 형사들도 마음이 저려 온다.

　형사 강철중은 책상 밑으로 떨어진 볼펜을 줍다가 우연히 아들이 다리를 떨고 있는 장면을 목격한다. 슬픔에 잠긴 것처럼 보이는 아들이 서류에 지장을 찍고 나가자 그를 의미심장하게 바라보던 강철중이 말한다.

　"너 울면서 다리 떠는 거 봤냐? 슬퍼서 우는 게 아니야. 금전 관계 조사해 봐라."

　영화 〈공공의 적〉(강우석 감독, 2002)의 한 장면이다.

　언어적 표현과 비언어적 행동은 밀접하게 관련되어 있고 상호보완적이지만, 일치하지 않을 때도 있다. 이는 그 사람의 양가감정을 나타내는 것일 수 있다.

　영화의 예처럼 '울면서 다리를 떠는 것'만 가지고 그 사람의 심리를 정확히 파악하기는 어렵다. 그러나 이 남자가 슬픔을 호소하고 있으면서 다리를 떠는 행위는 뭔가 부조화스럽고 석연치 않다는 느낌 때문에 형사는 그를 의심하게 된 것이다. 이렇게 언어적 내용과 함께 비언어도 대인 지각에서 중요한 역할을 담당하는 것이 사실이다. 많은 경우 몸짓과 손짓, 표정과 목소리의 높낮이, 떨림 등을 포괄하는 비언어적 행동은 언어적 내용에 맞게 이루어진다. 이때 비언어적 행동은 없어서는 안 될 중요한 정보나 추가적인 정보를 제공해 주며, 사람들 또한 그러한 단서를 잘 활용하고 있다.

언어적 내용이 애매하거나 내용이 상황에 맞지 않는 경우, 말하는 사람이 거짓말을 하고 있는지 알고자 한다면 비언어적 행동의 중요성은 더 커진다. 그 이유는 비언어적 행동은 자율신경계의 지배 아래 있어 의식적으로 완전히 통제할 수 없기 때문이다. 흥미롭게도 언어적 내용과 비언어적 내용이 일치하지 않는 경우, 예를 들어 기쁜 일을 침울한 투로 이야기하는 경우라면 나이가 어릴수록 언어적 표현에 의존해서 말하는 사람의 정서를 판단하는 경향이 강하고, 나이가 들수록 비언어적 내용에 의존해서 판단하는 경향이 강하다고 한다.

이는 사회화 과정을 통해서 대인 지각이 언어에서 직감으로 변화됨을 보여 주는 것이다. 사람은 나이가 들수록 상대방의 말을 글자 그대로 해석하기보다 숨어 있는 뜻을 알아차릴 수 있게 된다.

▌ 말보다 큰 울림을 주는 침묵의 순간

영화 〈샤인〉(스콧 힉스 감독, 1997)은 비언어적인 메시지가 언어적인 메시지보다 훨씬 더 큰 감동을 줄 수 있다는 사실을 상기시킨다.

영화의 주인공인 불운한 천재 피아니스트 데이비드 헬프 갓의 실제 정신연령은 어린아이 수준에 머물러 있다. 그래서인지 그의 표정은 언제나 해맑다. 주인공이 귀에 이어폰을 낀 채 두 팔을 벌리고 하늘을 날듯이 높이 뛰어오르는 영화 포스터는 관객들에게 깊은 인상을 남겼다. 사실 영화에서 이 장면은 주인공이 벌거벗은 몸에 코트만 걸치고 아이처럼 뛰고 있는 다소 민망한 장면이다. 이 모습을 한 여인이 목격한다. 당황스러워하면서도 묘한 표정으로 그녀가 그를 뚫어지게 바라본다.

데이비드는 이 여인에게 사랑을 고백하며 결혼해 달라고 한다. 남부럽지 않게 여생을 편하게 마무리하기에 충분한 미망인에게 철부지와 다름없는 중년 남자의 프러포즈는 가당치도 않은 일이라고만 생각되었고, 갑작스럽게 그녀는 데이비드가 머물던 곳을 떠난다.

잠시 후 넓은 창 앞에 서서 바다만 하염없이 바라보고 있는 그 여인의 뒷모습이 클로즈업 된다. 한동안 말없이 그 여인은 그 바다를 바라보고 또 바라본다. 영화는 침묵하면서 그녀의 내면을 그렇게 보여 주고 있다. 때로는 말보다 비언어적인 행동 또는 침묵이 더 많은 것을 전달해 주기도 한다. 이미 누군가를 사랑하게 된 한 여인의 가슴을 짓누르는 슬픔과 고통의 무게가 그 어떤 대사보다 크게 전달되는 듯했다. 일상에서도 마찬가지다. 모든 생각, 감정을 말로 표현할 수도 없고 그럴 필요도 없다.

얼마 후 그녀는 데이비드에게 돌아와 그의 청혼을 받아들인다. 그리고 그의 가장 든든한 후원자가 되어 준다.

당신의 눈동자가 흔들리고 있군요
눈은 그 사람의 마음을 닮는다

지금은 종영된 〈진실게임〉이라는 오락 프로그램이 있었다. 여러 명의 출연자 중에 진짜 같은 가짜, 가짜 같은 진짜를 찾아내는 프로그램이다. 진짜 스튜어디스를 찾아내야 했던 방송이 기억에 남는다. 후보는 두 팀으로 압축됐다. 두 팀 모두 진위를 가리기 어려울 정도여서 선택을 해야 하는 연예인 패널들은 고민에 빠졌다.

그런데 그중 한 팀의 여자가 말하는 것이 내 눈에 띄었다. 논리 정연하게 질문에 답변을 하고 있었지만 말할 때마다 눈동자를 우측 상단 쪽으로 움직이고 있었다. 무엇인가 생각을 하는 듯한 행동이었다.

'아, 저 여자가 거짓말을 하고 있구나!'

예상은 적중했다. 너무나 완벽한 듯 보이는 그 팀은 알고 보니 아나운서 지망생들이었다. 아마도 그래서 연기를 잘한 것 같다.

감각정보를 받아들이는 데 있어 가장 중요한 기관인 눈은 빛에너지를 받아들여 이를 기초로 상을 만든다. 간단하게 도식화하면, 다음과 같다.

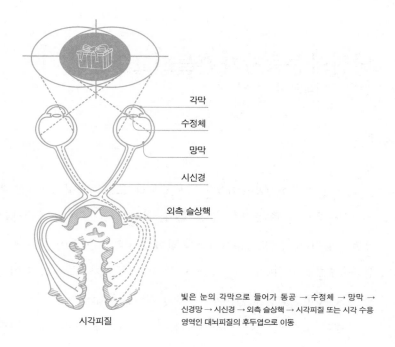

각막

수정체

망막

시신경

외측 슬상핵

시각피질

빛은 눈의 각막으로 들어가 동공 → 수정체 → 망막 →
신경망 → 시신경 → 외측 슬상핵 → 시각피질 또는 시각 수용
영역인 대뇌피질의 후두엽으로 이동

  그러나 이들 신호는 두정엽, 측두엽에도 전달된다. 이렇게 눈을
통해 들어오는 정보는 아주 작은 정보라고 할지라도 뇌의 여러 부
분이 활성화된다. 역으로 뇌의 어느 영역이 활성화되느냐에 따라
눈동자의 움직임도 달라진다. 감각적인 사고 활동을 담당하는 오른
쪽 뇌를 쓸 때는 눈동자를 왼쪽으로, 논리적인 사고 활동을 담당하
는 왼쪽 뇌를 사용할 때는 눈동자를 오른쪽으로 굴리는 것이다.
  또한 의사소통을 하는 데에도 눈은 중요한 역할을 한다. 언어만
이 의사소통을 하는 데 중요하다고 생각하면 착각이다. 쉬운 예로
옆에 있는 사람, 가족이나 친구 또는 직장 동료와 이야기를 하고 있
다고 가정해 보자.

일단 대화를 하기 위해서는 곁에 있는 누군가를 바라본다. 시선이 마주치고 상대방이 내 이야기를 들을 상태가 되었다고 생각할 때, 말을 꺼낸다. 상대방도 마찬가지일 것이다. 이야기를 하면서도 우리는 간간히 눈을 맞춘다. 너무 정색을 하고 오랫동안 쳐다보면 상대가 부담스러워할 수 있기 때문에 시선을 눈과 코 입술로 분산하면서 쳐다보는 것이 좋다. 그 시간을 10~15초 정도라고 하기도 하지만 자로 재듯이 할 수는 없다. 그것이 오히려 더 어색한 분위기를 만들 수 있기 때문이다.

심리적으로 불안정한 사람은 대개 시선을 고정시키지 못하고 눈동자를 이리저리 굴리거나 정면을 회피하는 경향이 있다. 자신의 속마음을 들킬지도 모른다는 두려움이 깔려 있기 때문이다.

▌눈은 그 사람의 마음을 닮는다

흔히 "사람 관리하는 것이 가장 어렵다."고 말하는데 정말 맞는 말인 것 같다. 특히 아주 간단한 정보와 짧은 인터뷰만으로 사람의 됨됨이를 가려야 하는 채용 과정에는 부담감이 따른다. 사무직도 아닌 심리 상담과 치료를 하는 사람을 채용한다는 것은 그래서 더욱 신중을 기해야 한다.

연구소에 치료 선생님이 필요해서 채용 공고를 냈을 때의 일이다. 연구소로 찾아온 사람은 아담한 체구에 귀여운 인상의 여자였다. 아이 같은 천진난만한 표정과 무엇보다 순수한 눈동자가 인상 깊었다. 이런 사람이라면 같이 일해도 되겠다 싶어 바로 채용을 했다. 가끔은 이런 즉흥적인 선택, 몹쓸 직관이 내 발등을 찍곤 한다.

그 선생님과 일하면서 속내도 많이 털어놓고 인간적으로 많이 친해졌다고 생각했다. 그런데 시간이 흐를수록 문제가 드러나기 시작했다. 출근 시간을 곧잘 어기더니 심지어는 치료가 있는 날 나오지 않을 때도 있었다. 치료하는 동안 내내 치료일지를 단 한 번도 쓰지 않았고, 지키기로 한 약속은 거의 지켜지지 않았다. 게다가 6개월에 한 번씩 급여 조정을 해 달라고 조르는 것이 꼭 떼쓰는 아이 같았다. 어떤 조직이든 그 조직만의 기본적인 규칙이 있다는 것을 아무리 설명해도 소용이 없었다.

하루는 계약서를 보여 주며 계약이 이행되지 않는 것에 대해서 따져 물었다. 그 선생님은 "저는 지금 최선을 다해서 일하고 있으니 믿어 주세요."라고 말하면서도 "약속을 지킬 수 없는 것은 제가 하고 싶은 것이 많아서예요."라는 논리에 맞지 않는 말을 반복했다. 그때 그 선생님도 눈동자를 이리저리 굴리고 있었다.

자신이 약속을 지키지 않은 이유를 나름 논리적으로 설명하면서도 현재 복잡한 자신의 심경(예를 들면, '더 좋은 환경이나 조건을 제시하는 곳이 있다면 그곳으로 가야 하지 않을까?' '내가 언제까지 남 밑에서 이런 소리나 듣고 있어야 하나?' 등의 생각들)을 숨기고, 또 동시에 자신은 항상 같은 마음으로 최선을 다하고 있다고 말하기 위해 얼마나 많은 뇌의 영역이 활성화되었을지 짐작이 가는 대목이다.

"선생님, 참 생각이 많으시군요."

"네?……."

계약은 지키지 않는다면 아무 의미가 없는 것이라는 상식적인 원칙을 일러준 후에 우리의 관계는 종결됐다. 스스로 마무리를 잘 하고 나가겠다고 해서 송별식도 해 주고 어쨌든 웃는 얼굴로 헤어 지긴 했다.

안타까운 것은 신체적인 약점이 아니라, 신체적 약점에 갇힌 마음이다.

많은 사람들에겐 스스로 열등하다고 느끼는 부분이 있다. 작든 크든 정도의 차이일 뿐이다. 이렇게 스스로가 부족하다고 느끼는 열등감은 그것에 함몰되지만 않는다면 얼마든지 생산적으로 작용할 수 있다. 심리학자 아들러Alfred Adler는 이를 열등의 보상 또는 우월을 향한 노력이라고 했다.

하지만 다수의 사람들이 자신이 만들어 놓은 부정적인 상을 극복하지 못하고 왜곡된 시각으로 세상을 바라보는 경향이 있다. 그 선생님의 경우 스스로를 '왜소하고 상처받고 손상되기 쉬운 약한 존재'로 지각하면서 자기 연민에 빠져 있었다. '세상은 위험하며 믿을 사람이 없으니 내가 살기 위해서는 싸워서 이겨야 하고, 그렇지 않으면 내 존재가 위협받을 것'이라고 생각하는 사람은 타인에게 적대적일 수밖에 없다. 이런 사람은 자신을 방어하기 위해서 자신이 한 행동은 정당한 것이라고 합리화하기에 타인의 이익과 권리를 침해할 수 있다.

▌나를 죽이지 못한 것은 나를 보다 강하게 만든다

모든 경험은 시간이 지나고 나면 어떤 형태로든 도움이 된다. 모두 피가 되고 살이 된다. 치료 선생님과의 일 이후로 나는 관계에서 적절히 경계를 두고 있다. '경계'는 대인관계에서 매우 중요하다. 서로의 경계, 즉 각자에 대한 한계와 선을 명확히 하지 않는 관계는 절대로 건강한 관계가 아니다. 결코, 너는 내가 아니고 나도 네가 될 수 없기 때문이다.

그러나 처음에는 자신도 모르게 상대의 경계를 침투해 들어간다. 특히 가족처럼 가까운 사이에서는 이런 경계를 지키는 것이 어렵다.

예로 화장실에 볼일 보고 있는데 가족 중 누군가가 문을 열려고 한다. 문이 잠겨 있으면 "누구야?" 하고 묻는다. 당황스러워서 "왜?"라고 반응하면, "뭐 해?"라고 묻는다. 아주 급한 상황이 아니면 이런 곤란한 질문은 안 해 주었으면 좋으련만. 꼭 내가 "큰 거." 아니면 "작은 거."라고 이야기해야 하나? 짜증스럽게 "뭐? 어쩌라고?" 하면, 궁금해서 그런다는 것이다. 한창 일 보고 있는데 빨리 나오라는 것도 황당하지만 굳이 내용물을 확인해서 어쩔 것인지.

이런 사소하지만 중요한 일들로 마찰을 겪다 보면 어느새 서로가 서로의 영역을 침범하지 않고 편안하게 사는 방법을 터득하게 된다. 이것은 서로 경험을 통해 습득되는 것이다.

많은 경험들이 살아가는 데 도움을 준다.

연습하면 늘어요
무언의 대화, 스킨십

20대 직장 동료인 정현과 은희는 성격은 다르지만 공통의 관심사가 있다. 바로 연애. 둘 모두 사귀는 남자가 있어 서로의 연애사를 이야기하며 더욱 가까워졌다. 하지만 스킨십에 대해 두 사람의 연애스타일은 극명하게 다르다. 정현은 스킨십을 무척 좋아하는 반면 은희는 남자친구가 손을 잡거나 뽀뽀만 하려 해도 기겁을 하고 도망간다.

은희의 남자친구는 당연히 불만이 많다. 그는 은희에게 "스킨십 지수가 OECD 최저 수준이야."라며 투덜거리기도 한다. 이런 말을 들으면 은희도 노력을 해 보려 하지만 마음처럼 쉽게 되지 않는다.

은희는 남자친구의 제안으로 함께 등산을 가게 됐다. 평소 운동을 즐기는 편이 아니었기에 그리 높지 않은 산이었는데도 숨이 턱까지 차올랐다. 남자친구에 의지해 겨우 정상에 올랐는데, 이 남자 "키스를 안 해주면 산 밑으로 밀어 버리겠다."며 협박을 하더라는 것이다. 우여곡절 끝에 키스에는 성공했지만 그 기억이 아름답지만은 않다.

반면 정현에게 스킨십은 친밀감의 표시로 자연스러운 것이다. 꼭 남자친구만이 아니라도 동성 친구나 어린아이 혹은 어르신들과 함께 있어도 자연스럽게 자신의 손을 상대방 신체에 접촉한다. 특별한 의도가 있는 것은 아니다. 스킨십이 비언어적 의사소통의 한 형식으로 친밀감을 드러내는 데 매우 유용하다는 사실을 잘 알고 있을 뿐이다.

▌ 반동 형성

많은 사람들이 부정적인 정서나 불쾌한 기억들을 억압하고 살아간다. 하지만 동시에 이러한 정서와 사고가 언제 수면 위로 불쑥 솟을지 몰라 불안해한다. 그런데 유쾌하지 못한 사고를 억압하기 위해서는 생각보다 큰 에너지가 소모된다. 그럼으로써 자신이 가지고 있는 에너지를 생산적으로 사용하지 못하고 무력해질 수 있다.

방어기제 중 하나인 '반동 형성'은 용납될 수 없는 충동은 억압하고 이와 반대되는 감정이나 행동을 겉으로 표현하는 것이다. 그래서 반동 형성으로 나타나는 행동이나 감정 표현은 과장되어 있거나 부자연스러워 보이는 경우가 많다. 속으로는 적개심을 갖고 있지만 겉으로는 지나치게 복종적이거나 친절하게 표현하는 경우가 이에 해당한다.

가령 부모의 사랑을 동생에게 빼앗겼다고 생각하는 아이가 정작 부모 앞에서는 동생을 지나치게 예뻐하는 경우를 생각할 수 있다. 계획에 없던 아이를 낳은 엄마가 그 아이를 지나치게 사랑하는 것처럼 행동하는 경우도 이에 해당한다. 속으로는 아이가 자신의 삶을 힘들게 한다고 생각하면서도 제 자식을 미워하는 것은 부모로서 용납될 수 없는 것으로 판단하기 때문에 나타나는 행동이다.

은희가 스킨십을 거부하는 것은 어렸을 때부터 받은 보수적인 교육 때문일 수도 있다. 우리나라 여성의 상당수가 불감증이라고 한다. 여기에는 성에 대한 무지, 보수적인 성교육, 부정적 성경험, 심리적 갈등 등 심리적인 요인이 크게 작용한다. 특히 어려서 보수적인 성교육을 받은 여성일수록 그런 가능성이 높다고 한다. 보수적인 교육을 받은 은희에게 스킨십은 하고는 싶지만 용납될 수 없는 충동일 가능성도 있다.

우연이든 우연을 가장한 필연이든 신체적인 접촉이 이루어지면서 두 사람의 관계가 뜨겁게 달아오르는 경우는 자연스러운 일이다. 때로는 좋아한다는 말보다 어깨에 살며시 손을 얹거나 다정하게 손을 맞잡는 방법이 훨씬 효과적이다. 물론 시행착오를 통해 기술을 습득해야 한다.

▌스킨십은 유용한 비언어적 의사소통 방법

칭찬 받을 만한 일을 했을 때, 아이들은 부모가 자신의 엉덩이를 가볍게 두드려 주거나 머리를 쓰다듬어 주는 것을 좋아한다. 이와 같은 행동은 아이로 하여금 부모가 적대적이거나 위험하지 않으며 관심과 사랑을 주는 사람이라는 사실을 상기시켜 준다. 그런 판단이 들면 아이들은 두 팔을 벌리고 달려와 안아 주고 뽀뽀해 준다. 스킨십에 대한 친밀감의 표시를 역시 스킨십으로 돌려주는 것이다. 때로는 불룩 나온 배를 쓰다듬어 주면 더 쓰다듬어 달라는 의미로 배를 더 내밀기도 한다.

너무 산만해서 가만히 앉아 있지 못하는 아이를 뒤에서 말없이 꼭 끌어안아 준 적이 있다. 싫다고 반항할 줄 알았는데 아무 소리 않고 가만히 있었다.

'선생님은 너에게 화내고 싶지 않아. 그리고 네가 어떻든 선생님은 너를 좋아한단다.'라는 비언어적인 메시지가 전달되지 않았을까? 원초적인 신체 접촉이 한마디 말보다 훨씬 힘을 발휘할 때가 있다.

인간은 인간이기 전에 동물이라는 점을 잊지 말아야 한다. 동물들은 상대방에게 다가가 냄새 맡고 때론 핥아 주기도 하면서 애정을 표현한다. 이렇게 쓰다듬고 안아 줄 때 '옥시토신'이라는 호르몬이 분비된다고 한다. 옥시토신은 공감능력을 높이고 신뢰와 사랑, 애착 회로를 형성하게 한다. 또한 스트레스를 감소시키고 남자의 혈압을 떨어뜨리는 기능을 하기도 한다.

스킨십이 익숙하지 않은 사람들이 의외로 많다. 그러나 이것도 연습하면 는다. 어색하다 생각 말고 시도해 보자!

무슨 말을 해야 할까
침묵의 다양한 의미

침묵은 단순히 말하지 않고 있는 상태가 아니다. 침묵은 말보다 많은 의미를 포함하고 있을 때가 많다. 하지만 잠깐의 침묵도 어색해하는 사람들이 있다. 특히 침묵의 의미가 명확하게 와 닿지 않는 경우에는 더하다.

20대 직장인인 소희는 얼마 전 자신의 침묵이 상대를 불편하게 할 수도 있다는 사실을 깨달았다. 자신에게 고백을 해 온 연하남과 드라이브를 하면서 겪은 일이다. 이 연하남은 '오늘 술 취한 김에 고백하지 않으면 영영 못할지도 모른다는 생각 때문에, "누나, 제가 누나한테 관심이 있으면 안 되는 건가요?"라는 문자 메시지를 통해 자신의 마음을 드러낸 적이 있다. 하지만 소희는 아는 동생으로만 생각했던 이 남자의 고백을 심각하게 받아들이지 않았지만, 그래도 꾸준히 연락을 해 오는 것이 싫지만은 않았다.

어느 화창한 가을 주말 소희는 연하남에게 근교로 드라이브를 가자고 제안했다. 물론 연하남은 단숨에 달려왔다. 아직 사회 초년병인 남자에게는 차가 없어서 소희가 차를 가져왔다. 대신 운전은 남자 몫이었다.

소희는 평소에도 말이 많은 편은 아니다. 차를 타고 있을 때도 조용히 창밖을 응시하거나 딴 생각에 빠지는 경우가 많다. 이 때문에 오해를 살 때도 있지만 타고난 성격이라 잘 고쳐지지는 않는다. 그런 소희를 처음 만나는 남자들은 대개 시간이 갈수록 무슨 말을 해야 할지 몰라 안절부절못했다. 그럴수록 소희의 마음도 불편하기는 마찬가지였다.

연하남도 예외는 아니었다. 안 그래도 좋아하는 사람을 옆에 태우고 처음으로 운전을 하는 통에 잔뜩 긴장이 된 상황인데 상대는 아무 말이 없는 것이다. 남자는 길을 헤매고 갑자기 급브레이크를 밟는 등 실수를 연발했다. 그럴 때마다 소희의 눈치를 살폈다.

어색한 정적이 흐르는 차 안에서 연하남이 힘겹게 말을 꺼냈다.

"누나가 이야기를 안 하니까 어찌해야 할지 모르겠어요."

소희는 그 말을 듣고서야 상대가 무엇 때문에 불편해하는지를 알았다. 자신에게는 익숙한 '조용한 드라이브'였지만 상대에게는 그렇지 않았던 것이다.

바닷가에 도착한 두 사람은 횟집에 들러 회를 먹고 해변을 거닐었다. 바람이 조금 불었지만 데이트하기엔 더없이 좋은 날씨여서 소희는 기분이 한층 좋아졌다. 그렇게 말없이 걷다가 날이 어두워지고 쌀쌀해져서 집으로 돌아가기로 했다. 차를 타고 돌아오는데 이 연하남은 또 잔뜩 긴장했다. 또다시 길을 잘못 들어 엉뚱한 곳으로 향하고 있는 남자에게 소희는 서두르지 않아도 된다고 말했지만 그는 계속 눈치만 본다.

좀 늦으면 어떤가. 그냥 이런저런 얘기도 하고 음악도 들으면 되는데, 그리고 보니 두 사람에게는 공통 관심사나 화제가 없고, 서로에 대해 잘 알지도 못해서 계속 뭔가 어긋나는 느낌만 들었던 것이다. 서로 소통이 잘되지 않았기 때문에 서로 입을 다물어 버린 것이다.

▌ 침묵은 금이다?

"침묵은 금이다."라는 말도 있지만 침묵이 악몽처럼 느껴지는 순간도 있다. 상담일을 처음 시작했을 때, 나를 처음으로 찾아온 내담자가 한 마디도 하지 않아 등줄기에서 식은땀이 났던 기억이 있다. 그때 혼자서 얼마나 많은 말을 떠들었는지.

이럴 때는 "무슨 말을 해야 할지 몰라서 그런가요?" "지금 대답을 해 줄 수 있어요?"라는 식으로 질문을 하라고 배우기는 했지만 정작 이런 상황에 맞닥뜨리게 되면 머릿속이 하얗게 될 뿐이다.

침묵은 다양한 의미를 함축하고 있다. 침묵에는 '생각을 하고 있다거나 감정에 압도되어 어찌할지 모르는 상태' 혹은 '마음속에 있는 말을 차마 하기가 껄끄럽거나 말을 했을 때 이에 대한 상대방의 반응이 어떨지 걱정이 되는 상태' '지금 이 순간 정말 어떤 말을 해야 할지 잘 모르는 상태' 등 여러 경우가 있다.

분명 침묵한다는 것은 '무엇인가 생각을 하고 있는 것'이다. 더 깊이 있는 대화를 하기 위해서 잠깐의 침묵은 필수적이다. 그 시간 동안 상대가 한 말의 의미를 이해하고 자신의 생각을 정리해 어떤 말을 할지를 생각할 수 있다. 침묵을 수용하는 것은 상대에게 생각할 시간을 주고, 상대가 느끼는 어려움을 이해하고 받아들인다는 의미로 해석할 수 있다.

"무슨 말을 해야 할지 몰라서 당황하고 있군요. 누구나 갑작스러운 상황에서는 할 말을 잃고 혼란스러울 수 있습니다. 진정될 때까지 기다리겠습니다."

그러나 상담자뿐만 아니라 대부분의 사람들은 침묵을 견디기 힘들어한다. 무언가 어색하고 상대방이 나를 싫어한다거나 화가 났다거나 불편해한다거나 하는 의미로 받아들이기 때문에 스스로 불편해진다. 상대가 이런 상황을 감지하면 그 역시 불편해지기 때문에 악순환이 이어진다.

사람은 상대가 자신과 유사한 행동을 할 때 편안함을 느낀다. 자신이 기대했던 반응이 나오지 않으면 어색해지고 불편해지기 십상이다. 반대로 지속적으로 쉴 새 없이 이야기를 하는 것은 자신의 감정이나 타인의 감정을 느끼지 않으려는 시도일 수 있다. 무엇엔가 몰두함으로써 그 당시 일어나는 불편한 감정을 회피할 수 있기 때문이다.

소희가 다시 침묵 속으로 들어가 버리자 연하남은 식은땀을 흘리면서 '누나를 빨리 집에 귀가시키겠다.'는 목적으로 차를 몰기 시작했다. 그 결과 어느새 대화는 단절되고 정적만이 감돌 뿐이다.

소희는 '그냥 과정을 즐기면 되는데, 왜 이리 서두르지? 정말 불편한 모양이야.'라는 생각을, 연하남은 '이 누나 내가 길도 모르고 아무 준비 없이 왔다고 화가 난 모양이야. 더 늦지 않도록 빨리 가야겠어. 아, 난 왜 이 모양이지? 누나가 정말 재미없는 놈이라고 생각하겠지? 그렇다고 저렇게 말 한마디도 안 하고.'라는 생각을 했을지도 모른다.

백 마디 말보다 먼저 경청하라.

외모는 마음에 들지만 말수가 적은 여성을 만났을 때, 남자들은 말이 많아진다. 물론 말수가 적은 여성은 적당히 말을 하고 분위기를 띄울 줄 아는 남자를 선호하는 편이다. 그러나 대화는 두 사람의 교감이다. 서로가 친해지면 침묵조차도 편안하게 느껴진다. 말하지 않아도 느껴지는 것들이 있기 때문이다. 꼭 말을 많이 해야 하는가? 사랑하는 연인이 서로를 바라볼 때의 눈빛, 말없이 손잡아 주고 기대어 걸을 때 느껴지는 편안하고 충만한 느낌은 말로 설명할 수 없는 영역이다.

물론 계속되는 침묵은 참기 어려울 수 있다. 상대가 아무 반응이 없거나 간간히 하품을 하는 것, 혹은 손장난을 하는 행위는 자신의 이야기에 집중하지 않고 있다는 의미다. 상대의 얼굴 표정, 눈의 초점, 사소한 동작 등으로 침묵의 의미를 추정해 볼 수 있다. 하지만 일대일 대응식의 정답은 없다. 단지 상대방의 심리를 어느 정도 파악하는 단서를 준다는 정도이다.

상대의 의중에 대해서 과민하게 받아들이거나 스스로의 잘못된 인지적 도식에 의해(실제로는 그렇지 않은데 사람들이 나를 좋아하지 않는다는 일방적인 생각에 빠진 경우) 상대의 생각을 내가 마치 다 들여다볼 수 있다고 믿는 '독심술적 오류'에 빠질 수도 있다. 물론 상대방의 생각을 정확하게 파악하는 것은 인지적인 성숙과 발달 과정에서 필수적이다. 이를 회귀적 사고 또는 순환적 사고라고 하는데, '그가 ～하게 생각한다고 나는 생각한다.'와 같이 정확한 추론을 할 수 있다는 의미다.

평소 이성 앞에서 말하는 것을 두려워하는 사람에게는 '내가 말

주변이 없어 상대를 잘 웃기지 못하기 때문에 상대가 나를 좋아하지 않을 것'이라는 생각이 깔려 있을 수 있다. 그래서 소심하게 건넨 한마디에 상대가 별다른 반응을 보이지 않을 때 이러한 생각이 활성화되면서 점점 위축되고 '무슨 말을 해야 하지?'라는 생각에 점점 압도되어 결국 아무 할 말이 없어지는 상황이 돼 버리는 것이다.

유머감각이라는 것이 선천적으로 타고나는 것인지는 모르겠지만, 이를 위해선 여유가 필수적인 것 같다. 마음이 열려 있는 사람들은 타인의 생각을 잘 받아들이기도 하고 다양한 경험을 통해 화젯거리도 많다.

그러나 연애 경험이 부족하거나 연애를 잘 못하는 사람들은 기본적으로 자신감이 부족하고 긍정적인 경험을 할 기회를 많이 갖지 않았기에 점점 더 무력감에 빠지게 된다.

여자보다는 남자가 유머감각이 있어야 하고 대화를 주도해야 한다는 압박감이나 부담감을 더 많이 느끼는 것 같다. 그래서 미혼인 남자 중에는 나에게 어떻게 하면 말을 잘할 수 있는지, 자신이 말주변이 없는데 어떻게 해야 하는지에 대해서 진지하게 물어오는 경우가 많다.

하지만 여자가 원하는 것은 일방적으로 자신의 이야기를 늘어놓는 것보다는 상대방을 이해하고 수용해 주며 존중해 주는 것이다.

▌경청은 단순히 듣는 게 아니다

상대방의 말을 주의 깊게 경청한다는 것은 나는 당신을 이해하

고 있다. 당신에게 관심이 있다는 사실을 은연중에 알려 주는 것이
다. 경청한다는 것은 단순히 듣는 것을 뜻하지 않는다. 먼저 상대방
에게 집중하고 있다는 것을 보여 주기 위해 자세를 상대방 쪽으로
약간 기울이고 그에게 시선을 고정시킨다. 그렇다고 노려보지는 말
아야 한다. 당신의 이야기를 이해하고 있다는 것을 전달하는 것으
로 상대방이 말을 할 때, "음." "아하!" 등의 반응을 보이기도 하고,
때론 상대방의 말을 간단하게 요약해 주고 심중을 읽어 준다. "지금
많이 힘들고 답답하시군요." 이렇게 말이다. 자신이 존중을 받고
있다고 느끼고 편안한 상태가 되면, 처음에는 마음에 없다가도 점
점 상대방에게 관심을 갖게 된다.

　최선을 다해 상대방에게 자신을 어필하려고 시도하는 것은 중요
한 일이다. 그래야 후회가 없다. 여자는 남자가 자신을 얼마나 좋아
하는지 자신도 모르게 테스트하고 있는 것일 수 있기 때문이다. 몇
번의 시도를 하고 쉽게 포기하는 것을 보면, '날 별로 좋아하지 않
았어! 저런 남자와 사귀어 봤자 별 볼일 없을 거야.'라고 생각하게
될 것이다.

　중요한 것은 상호 간의 적절한 소통과 조화다. 싫다는데 억지로
쫓아다니고 무모하게 들이대면 오히려 혐오감만 가중될 수 있다.

　세상에는 매력적이고 좋은 사람들이 많다. 누가 잘나고 못나고
의 문제가 아니고, 잘잘못의 문제도 아니다. 그냥 서로 잘 맞지 않
고 다른 것일 뿐이다.

먼로의 눈이 내게 말해요
눈빛의 언어

지금까지 살면서 가장 힘들다고 생각한 순간이 있었다. 열심히 살았다고 생각했는데 아무런 대가도 주어지지 않고 내가 무엇 때문에 이렇게 살아왔는지 너무나 허무하게 느껴지는 순간이었다. 바야흐로 내가 중년기에 접어들고 있다는 사실을 그때는 미처 깨닫지 못하고 있었다.

중년기에 관한 구체적 개념을 최초로 발전시킨 사람은 융이다. 그에 의하면, 중년기는 35세와 40세 사이에 시작된다. 중년기에 이를 때까지 대부분의 사람들은 외부 세계에 적응하려고 노력하고, 그 결과 안정된 지위와 가정, 권리와 의무를 가진 사람으로 성장한다. 그래서 대부분 중년기는 인생 전반에 잘 적응하고 직업과 가정적으로 안정적이라고 인식되어 왔다. 그러나 기대와 달리 중년기에 들어서면 새로운 변화에 따른 혼란을 경험하게 되는 것 같다.

융은 인생의 전반기에는 자신의 외부 세계와 밀접한 관계를 맺으면서 살아야 하지만 인생의 후반기에는 내면세계에 보다 중점을 두어야 한다고 말한다.

융의 환자 중 3분의 2는 자신의 직업에서 커다란 성공을 이루고, 타인이 부러워하는 사회적 지위를 차지하고 있는 40대의 사람들이었다고 한다. 그런데 그들은 오히려 현실적으로는 절망과 비참함과 무가치함을 느끼고, 삶의 의미를 잃은 채 공허와 무감각만을 느끼고 있었다. 융은 그들이 사회적 지위를 얻기 위해 쏟았던 에너지가 목적이 실현된 후 철수되었기 때문에 우울 상태가 온 것으로 보았다.

힘들었던 당시에, 주변 사람들에게 "지금이 내 인생 최고의 위기인 것 같다."고 했더니 반응은 대체로 이랬다. "네가 하고 싶은 일 하면서 신나게 잘 살면서 뭐가 문제냐?" 내 이야기는 아예 들어줄 생각도 안 했다. 외로움이 갑자기 물밀듯이 밀려오고 아무도 나를 이해해 주는 사람이 없다는 생각이 들면서 삶이 무의미하게 느껴졌다.

그때 우연히 '메릴린 먼로의 마지막 유혹'이라는 제목의 사진전 광고가 눈에 들어왔다. 메릴린 먼로가 죽기 6주 전에 찍은 사진을 모은 전시회였다. 이제까지 내가 알던 먼로와는 무척 다른 모습이었다. 메릴린 먼로가 사망했을 당시의 나이가 내 나이와 비슷했다는 이유 때문이었을까. 그녀도 지금의 나처럼 힘들지는 않았을까 하는 생각과 함께 미묘한 감정을 느끼며 친구와 그 사진전을 보러 가기로 했다.

내 나이는 중년의 기준에는 못 미친다. 그리고 먼로와 나를 비교할 생각도 없다. 다만 나의 심리적 진실이 그랬다는 것이다. 나의 주관적인 느낌이 나와 아무 상관없는 한 여자의 사진에 주목하게 하고 나를 이끌었다.

▌ 먼로에 대한 첫 기억

초등학교 1, 2학년쯤이었을까, 우연히 TV에서 먼로가 사람들 앞에서 노래를 부르고 있는 장면을 보았다. 앞과 뒤가 심하게 파이고 몸매가 그대로 드러나는 드레스를 입은 여자가 온갖 예쁜 표정을 하면서 노래를 부르고 있고, 남자들은 모두 넋이 나간 모습으로 그녀를 바라보고 있었다. 어린 마음에 그게 너무 이상해서 엄마에게 "저 여자가 누구야?" 물으니 엄마는 "저 여자가 메릴린 먼로다."라고 말해 주었던 기억이 난다. "와, 되게 뚱뚱하다." 적어도 어린 나의 눈에는 그렇게 보였다. 그녀의 풍만한 가슴과 엉덩이가 내가 보기에는 부담스러울 정도로 답답하고 둔한 느낌이었다.

20대 후반, 유럽으로 여행 갔을 때였다. 프랑스에서 밤기차를 타고 독일에 도착했다. 숙소를 정하지 않고 돌아다니는 상황인 데다가 너무 늦은 밤이라 갈 곳이 없어서 매우 막막했다. 책에 소개된 한국인이 경영하는 모텔급 호텔에 전화를 해서 방이 있냐고 하니까 없다고 한다. 갈 곳이 없다고 하니까 우리 사정이 딱했는지 자신의 방을 내주었다. 그때 그 아저씨 방에 먼로의 사진이 붙어 있었다. 육감적인 몸매와 귀엽고 사랑스러운 그 표정. 처음으로 먼로가 왜 그렇게 오랫동안 뭇 남성들의 마음을 설레게 했나 이해가 됐다.

▌ 내가 웃는 게 웃는 게 아니야

그런데 사진전에서 보았던 먼로의 모습은 야위고 핼쑥한 모습이었다. 웃고 있는 얼굴에서 이상하게 슬픔이 느껴졌다. 자신의 죽음을 암시하듯 편안하면서도 무기력한 표정이었다. 여유로운 웃음 속에는 지금까지 살아온 인생 역정이 그대로 묻어나는 듯했다.

웃고는 있지만 웃는 게 아닌 그 묘한 얼굴을 다시 들여다본다. 왜 내가 그녀의 모습에서 슬픔을 느꼈는지.

얼굴 표정은 그 사람의 솔직한 감정을 표현하는 가장 강력한 도구지만 때에 따라 어느 정도 조절하는 것이 가능하다. 우리는 어려서부터 솔직하게 감정을 드러내지 않도록 훈련을 받아 왔다. 좋아도 너무 좋지 않은 척, 싫어도 좋은 척을 해야 타인과의 관계를 적절히 유지할 수 있다는 것을 배웠다.

얼굴 표정은 대뇌피질에서 관장한다. 의식적인 수준에서 관리가 가능하다는 말이다. 표정 관리를 할 수 있는 것도 그 때문이다. 하지만 그 이외에 다른 비언어적인 행동들은 대부분 변연계나 자율신경계의 지배를 받기 때문에 위장하기가 쉽지 않다. 아마도 내가 그녀의 얼굴에서 슬픔을 보았다면 그녀의 눈빛 때문이었을 것이다.

먼로의 표정은 그때의 나에게 무언가 이야기를 건네고 있는 듯 보였다. 이상하게도 그 모습이 다른 사람이 아닌 나 자신처럼 느껴져서 한동안 그 웃음이 머릿속에서 지워지지 않았다.

▌ 네 안에 나 있다

사람의 표정을 보고 받아들이는 과정에는 매우 주관적인 심리 상태가 반영될 수 있다. 이런 걸 심리학에서는 '투사'라고 한다. 실제 내용물은 내 안에 있는데 그것이 외부에 있는 것처럼 인식하는 것이다. 바람에 나뭇가지가 흔들리는 것이 아니라, 그 나뭇가지를 보고 있는 자신의 마음이 흔들리는 것이라고 누군가가 말하지 않았는가.

"내가 웃는 게 웃는 게 아니야⋯⋯."라는 노래 가사처럼 울고 싶어도 울지 못하고 웃어야 하는 경우가 많다. 자신의 감정을 그대로 다 내비쳤다가는 사람들로부터 비난과 조롱의 대상이 될 수 있다. 때로는 스스로 그런 자신의 모습을 보이고 싶지 않아서 감추기도 하는데, 융은 많은 사람들이 사회적 가면(페르소나)을 쓰면서 살아가게 된다고 말한다. 그래서 사람은 자신의 감정에서 점점 멀어지고 스스로의 감정을 인식하지 못하는 것일 수도 있다. 먼로와 같은 스타들은 더욱 자신을 위장해야 하기 때문에 실제 자신과의 간극이 커지게 된다. 그래서 사람들에게 많이 알려지고 유명해질수록 더욱더 큰 외로움을 느끼게 되는 모순 속에 빠지는 것이다.

기본적인 '희로애락'을 적절히 표현하고 사는 삶이 가장 건강한 삶이다. 그렇다면 어떻게 적절하게 자신의 감정을 표출할 것이냐가 문제다.

자신의 감정을 적절히 표출하기 위해서는 우선 자신의 감정을 정확하게 인식하고 자신의 내부에서 일어나는 감정들을 수용해야 한다. 이를 위해서는 어느 정도 자신에 대해 느끼고 생각할 시간을 갖는 것이 중요하다. 그런 후에 타인에게 상처를 주지 않으면서 자신의 감정을 정확하게 표현하는 것이 중요하다.

▌먼로가 죽은 후 40여 년이 흘렀다

그녀를 패러디한 많은 영화, 코미디, 광고, 책 등 그녀에 대한 이야기는 끊임없이 회자되고 있다. 세기의 섹스 심벌로 남자들에게는 성적 판타지를 불러일으켰던 그녀를 통해 누군가는 계속 돈을 벌어들이고 있는데 그녀는 이런 사실을 어떻게 생각할까?

할머니, 할아버지, 어머니, 남동생이 차례로 정신 이상이 되어 자살로 생을 마감하는 것을 목격하면서 그녀는 그렇게 자신의 DNA와 다른 삶을 살려 했으나, 결국은 그 유전자 지도를 벗어나지 못했음을 나는 또 어떻게 받아들여야 할까.

당신은 먼로에 대해 얼마나 알고 있는가?

나에게 먼로 하면 가장 먼저 떠오르는 장면을 꼽으라고 하면 단연, 지하철 환풍구 위에서 풍선처럼 부풀어 올라가는 치마를 두 팔로 가리며 환하게 웃는 모습이다.

먼로의 일생을 간략하게 소개하고자 한다.

◆ 1926년 6월 1일 미국 로스앤젤레스 출생, 본명은 노마 진 베이커Norma Jean Baker

◆ 먼로의 할아버지와 할머니는 1900년 5월에 결혼하여 먼로의 어머니를 낳았고 할아버지는 43세가 되었을 때 건강과 정신상태가 나빠져 사망. 그 후 할머니는 51세의 나이로 정신병이 악화되어 사망

◆ 먼로의 어머니는 20대 중반 이후 편집증적 망상이 나타났으며 편집증적 정신분열증으로 진단받고 요양시설에 수감됨.

◆ 먼로는 7세가 될 때까지 양어머니 집에서 성장했고 그 후 생모와 잠깐 생활을 하다 고아원에 가지 않기 위해 16세에 결혼을 함.

◆ 먼로가 20세가 되었을 때 20세기 폭스사와 계약을 했고 〈아스팔트 정글〉 〈신사는 금발을 좋아한다〉 〈백만장자와 결혼하는 법〉 등을 찍었고, 세 번의 결혼과 이혼을 함.

◆ 먼로는 35세가 될 때까지 스무 번이나 낙태를 했고, 헛것을 보게 되어 정신과 치료를 받고 약물 의존도가 증가하면서 신경쇠약에 시달림.

◆ 36세가 되던 8월 5일 아침에 메릴린 먼로는 집에서 죽은 채로 발견됨. 사인은 바르비투르산염 과용으로 밝혀짐.

출처: 성수아 역(2010). 『마릴린 먼로』; 이현정 역(2003). 『마릴린 먼로 My story』 참조

몸은 거짓을 말하지 않는다
— 상담에서 비언어적 단서들의 활용 —

정신과나 상담소에서 환자나 내담자의 정확한 심리 상태를 파악하기 위해서 종합심리검사Full Battery를 실시한다. 이 심리검사 이외에 반드시 실시하는 것이 그 사람의 행동을 관찰하여 묘사하는 것이다.

자발적인 의지로 병원 또는 상담소를 찾은 경우가 아니라면, 방어적으로 자신의 상태를 위장할 수도 있다. 그들은 겉으로는 태연한 척할 수도 있고 검사자의 질문에 예민하게 반응하기도 한다. 그래서 환자나 내담자의 말을 액면 그대로 받아들여서는 안 된다.

물론 여러 심리검사를 통해 이러한 환자나 내담자의 심리가 드러나지만, 먼저 그들의 행동을 면밀히 관찰한 후 검사 결과와 함께 맞춰 보는 것이 필요하다. 행동 관찰을 통해 내담자의 상태를 추측해 보고 이를 뒷받침할 만한 객관적인 근거자료를 얻을 수 있다.

예를 들어, 우울한 사람의 경우 대부분 그들의 외모부터가 심상치 않다. 얼굴은 잠을 못 자서 부스스하고 머리와 옷차림은 금방 자다가 일어난 사람 같다. 무표정하고 눈동자는 멍하며, 검사자의 질문에 느리고 짧게 단답형으로 답하는 경우가 대부분이다. 에너지 수준이 떨어져 있기 때문이다. 여자의 경우 대부분 화장을 하지 않으며, 가볍게 했다고 해도 색조 화장은 거의 하지 않는다. 심지어는 머리를 감지 않는 경우도 많다. 불안한 사람의 경우는 검사자와 눈을 잘 마주치려 하지 않고 손이나 다리를 떠는 경우가 많다. 검사할 때도 마치 누군가에게 쫓기듯이 급하게 행동하다 오류를 범하기 십상이다.

관찰을 통해 내담자가 긴장한 상태인지 또는 불안한지, 화가 났는지, 거부적인지 등의 정보를 획득한다. 더 나아가 관찰은 친밀감을 형성하고 협조적인 관계를 맺는 데 매우 중요하다. 이러한 기법은 일상생활을 하면서 타인의 생각이나 감정을 살피는 데도 유용하게 사용할 수 있다.

사람들은 보통 상대방이 위험한 사람인지 아닌지, 믿을 만한 사람인지 아넌지 등과 같은 정보를 거의 의식하지 않은 채로 처리한다. 여러 행동 단서들을 통해 상대방에게 어떻게 대처할지를 생각하게 되는데, 여기에서 대처란 상대방과 대화할 때 두는 거리, 음성의 크기, 대화의 수준 등이다.

상담이 지속되면서 내담자에 대한 인상은 수정되고 재평가된다. 이 과정에서 비언어적인 단서, 언어적 표현, 음성언어와 몸짓언어와의 관계 등을 모두 고려해야 한다. 실제 표현되는 말의 내용보다 비언어적 행위의 관찰을 통해 더 많은 단서를 얻고 그에 대해 결론을 내리는 경우가 많다. 즉, 의복, 차림새, 눈 맞춤, 자세, 습관적 태도나 언행 등이 내담자에 대해 더 유용한 정보를 제공하기도 한다.

표정, 키, 체중과 같이 신체적으로 주목할 만한 측면들이 먼저 관찰된다. 의복이나 차림새는 내담자의 직업이나 자기 관리 상태 등에 대한 단서를 제공한다. 예를 들어, 머리도 감지 않고 트레이닝복 차림으로 나타난 내담자와 같이 단정치 못한 차림새의 경우는 자기 관리에 거의 관심이 없음을 드러내는 것이다. 우울, 약물 복용, 정신병 등에 의해 정상적으로 자기 관리를 못할 수도 있음을 의미한다.

얼굴 표정

대부분, 내면에서 벌어지는 일을 알기 위해 상대방의 얼굴을 살핀다. 얼굴 표정에는 직접 드러나지 않는 생각이나 느낌 등이 담겨 있다. 웃음, 찌푸림, 점잖은 듯한 얼굴, 멍한 시선 등이 모두 그 나름의 의미를 지닌다. 많은 내담자가 각각의 표정을 통해서 내면의 상태를 표현하는 반면, 어떤 내담자는 자신의 감정을 표현하지 못한다. 대부분의 경우 내담자는 다른 사람에게 수용될 만한 것만 표현한다. 그러나 이렇게 표현을 통제하려는 노력 자체가 또 다른 의미를 지닌다.

눈 맞춤

시선은 얼굴 표정의 일부로서 종종 관계가 얼마나 편안한지의 정도를 드러내 준다. 너무 잦은 눈 맞춤은 상대를 통제하거나 위협하려는 욕구를 암시하기도 한다. 반면 너무 적은 눈 맞춤은 수줍음, 위협에 대한 두려움을 의미하기도 한다. 이러한 변화는 서로 간에 동시 발생적으로 나타난다. 즉, 한쪽이 편안하게 느끼면 동시에 상대방도 편안해짐을 의미한다.

눈물
눈물과 같이 정서적으로 의미가 큰 상징은 문화, 성 그리고 동기 등과 뗄 수 없는 관계에 있다.

눈물을 흘리는 일과 관련해 성별 간의 차이는 매우 크다. 일반적으로 여성은 울 수 있어도 남성은 울어서는 안 된다고 생각한다. 그러나 여성도 회의 시간처럼 울어서는 안 되는 순간이 있으며, 남성도 아주 가끔은 눈물을 보일 정도의 감수성을 가져야 한다고 생각한다. 많은 여성은 슬플 때가 아니라 화가 났을 때 우는데, 그러한 눈물은 표현되지 않은 분노에 대한 좌절감이다. 남성은 오랜 세월 마음속 깊이 품어 두었던 것을 무언가 부드러운 것이 어루만졌을 때 눈물을 흘린다.

어떤 남성은 여성이 눈물을 흘릴 때 무언의 압력을 받거나 죄책감을 느끼기 때문에 그런 상황을 별것 아닌 것으로 치부하기도 한다. 또한 많은 남성은 여성에 비해 남성 앞에서 눈물을 흘리는 것을 더 수치스럽게 여기지만, 그들이 함께 눈물을 흘릴 때는 커다란 위안과 수용을 경험하기도 한다.

사람은 울면서 위안을 경험하기 때문에 눈물은 신호 이상의 기능, 즉 치유를 돕는다. 그러나 사람들이 눈물에 대한 개인적이고 사회적인 통념을 깨뜨릴 때 눈물이 가진 긍정적인 기능을 경험할 수 있다.

눈물은 '날 좀 가만 놔둬.' '그건 너무 고통스러워.' '그만해!' '도와줘.' '나는 슬퍼.' 등의 다양한 의미를 가질 수 있다. 거의 대부분 그 의미는 복합적이다.

몸짓과 동작
외모, 얼굴 표정, 행동, 몸짓, 호흡의 변화, 시선, 이 모든 것은 신체 언어, 좀 더 학문적인 표현으로는 행위학의 범주에 속한다. 우리가 사람을 관찰할 때 눈, 입 등 각각을 분리해서 보는 일은 거의 없다. 오히려 우리는 전체적인 외양을 통합적으로 관찰한다. 어떤 사람이 몸을 앞뒤로 움직이거나 머리카락으로 장난을 하거나 시계를 보거나 또는 몸을 앞으로 기울인 채 응시하거나 팔짱을 끼고 경멸하는 태도와 시선을 보낼 때 우리는 그런 행동의 의미를 알아차리게 된다. 예를 들어, 대기실에서 이리저리 오가고 미간을 찌푸리며 의자 끄트머리에 앉는 등의 행동으로 자신의 불안을 드러낼 경우 그의 신체 언어는 "나는 두려워요."라고 말하는 것으로 해석할 수 있다.

언어적 단서 관찰하기

비언어적 단서는 내담자를 이해하는 데 매우 중요한 실마리를 제공한다. 하지만 언어적 단서 역시 중요하다. 여기서 우리는 실제 이야기되는 내용보다 내담자가 말하는 방식 자체에 더욱 주의를 기울인다. 대개 상담자는 내담자가 하는 말의 의미를 더 깊고 포괄적으로 이해하기 위해 내담자의 말소리 크기, 억양, 속도, 유창성, 웃음, 잠시 말을 멈추는 시기와 길이, 침묵 등을 관찰해야 한다.

웃음

대개의 경우 웃음은 우스운 일이 있을 때 나온다. 하지만 웃음은 무언가 긴장되고 불안하며 걱정거리를 숨길 때도 사용된다. 따라서 언제, 어떻게 사람들이 웃는지 주목해야 한다. 우스운 일이 전혀 없음에도 상대가 웃는다면 그런 웃음은 이상한 느낌을 주기 마련이다. 또한 왜 웃는지 알 수 없는 경우도 많다.

침묵

대부분의 사람들은 침묵을 불편해한다. 침묵의 의미로 다음과 같은 이유를 생각해 볼 수 있다.

- ◆ 생각 중이다.
- ◆ 감정에 압도되어 있다.

- 심중에 있는 말을 하고 싶지 않다.
- 상담자의 반응을 두려워한다.
- 이야기가 누설될 것을 두려워한다.
- 다른 사람의 신뢰를 저버리는 말을 해야 한다.
- 적당한 말을 찾지 못한다.
- 마음의 평정을 찾으려 한다.

얼굴 표정, 내담자의 눈의 초점, 몸짓, 사소한 동작 등은 침묵의 의미를 이해할 수 있는 단서를 제공한다.

언어적 표현과 비언어적 행동 사이의 불일치
언어적 표현과 비언어적 행동은 밀접하게 관련돼 있으며 때로는 상호 보완적이다. 예를 들어 "이제 갈 시간이에요."라고 하면서 자리에서 일어서는 행동이 그렇다.
화를 내지만 동시에 웃는 경우는 불일치하는 경우인데, 이런 불일치는 매우 중요하고 주목할 만한 것이다. 내담자는 이를 통해 양가감정을 드러내는 것이고 그 지점에서 더 깊은 탐색을 할 필요가 있음을 의미한다.

동작의 조화
비언어적 행동과 언어적 표현 사이의 상호작용에서 중요한 것은 동작의 조화다. 이것은 모든 대화에서 상보적 행동을 의미한다. 이러한 현상은 유아가 자기를 돌봐 주는 사람의 음성에 맞추어 리드미컬하게 움직이는 반응에서도 관찰할 수 있다.
둘 사이에 동작이 자연스럽게 일치될 때 서로 안락하고 편안하며 관계는 자연스럽게 이어진다. 즉, 한쪽이 움직이면 마치 함께 춤을 추듯이 상대방도 따라 반응하게 된다. 반대로 한 사람은 눈을 맞추려고 하는데 다른 사람은 눈을 피하듯 다른 곳을 보고 있다면 두 사람은 모두 불편해진다.
동작의 조화와 관련해서 중요한 것은 동작의 상보성인데, 대화할 때 상대

편이 나와 유사한 행동을 보일 때 편안해진다는 것이다. 우리는 대체로 어떤 시점에서 상대방이 나와 같은 상보적인 반응을 하길 기대하고, 기대했던 반응이 나오면 좋아하지만 그렇지 않은 경우 어색해진다. 상대방을 보고 웃었는데, 상대방이 웃지 않는다면 얼마나 불편하겠는가.

출처 김창대 역(2006). 『상담 및 심리치료의 기본 기법』 참조

218

글을 마치며

벌써 1년이라는 시간이 흘렀다. 낙천적인 성격 탓인지 이 책을 쓰기로 결정하는 데 오랜 시간이 걸리진 않았다. 늘 그렇듯이 후회는 그 이후부터 시작된다. 그래도 부족한 시간을 쪼개어 늦은 저녁이나 주말에 소진 언니와 집에서 작업을 할 때면 즐거운 마음이었고, 그때를 생각하면, 가끔 언니의 어머니가 내주시던 안주와 막걸리 한잔이 그리워진다.

다행인 것은 서로 바쁘고 빡빡한 일정을 소화하면서도 큰 마찰 없이 작업을 마칠 수 있었다는 점이다.

처음 집필 의뢰를 받고 우리 두 사람은 어떤 식으로 콘셉트를 잡고 글을 써야 할지 너무나 막막한 상황이어서 무작정 서점으로 달려갔다. 하지만 언어 심리와 관련해서 참고할 만한 책이 마땅치 않았다. 고심 끝에 어떤 말들을 궁금해하는지 알아보기 위해 주변인들을 대상으로 설문조사를 했으나, 이 또한 별다른 도움이 되지 않았다. 시행착오 끝에 2차와 3차 설문조사에서 다양한 의견을 적을 수 있는 주관식과 객관식 문항을 섞어 조사를 했고, 그 설문 내용을 토대로 목차가 완성됐다. 설문에 참여해 준 사람들은 20대와 30대 그리고 40대 초·중반까지 다양한 연령대였다.

이 책이 많은 사람에게 도움이 되고 재미있게 읽히기를 바라지만 모든 대상을 만족시키기는 어려운 일이다. 그리고 소진 언니와 내가 30대 중·후반의 여성으로 우리의 경험과 지식에 한계가 있음을 고려하여 20대와 30대 초·중반 여성과 남성을 주 대상으로 하였으나, 말과 관련된 심리를 최대한 쉽게 풀어 썼다는 점에서 누구나 읽기에 무리는 없을 것 같다.

설문을 통해 사람들이 궁금해하는 말과 말실수, 남녀의 언어차, 비언어적 의사소통에 대해 궁금증을 해결하려 했고, 쉽고 재미있게 다가가기 위해 사례 중심으로 이야기를 풀어 나갔다.

이러한 과정에서 많은 분들의 도움을 받았다. 원고가 나오기까지 조언을 아끼지 않았던 많은 지인들, 특히 우리 AB클럽 김병선 형님과 양기숙 양에게 감사를 전한다.

말은 우리 일상생활과 불가분의 관계에 있고, 의도했건 의도하지 않았건 타인에게 상처를 주기도 하고 행복을 주기도 한다. 우리의 관계 속에서 말은 결코 단순한 행위가 아니다. 말로 자신의 마음을 표현하고 타인의 의사를 이해하는 데 심사숙고해야 함을 강조하고 싶다.

글을 쓰는 동안 나에게 한 가지 변화가 있다면, 사랑하는 남편이 생겼다는 것이다. 지난 1년을 뒤돌아보니 정말 감회가 새롭다. 곁에서 항상 걱정하고 지지해 주며 도움을 주려고 노력했던 남편과 가족들, 대학원 동기들, 친구들, 동생들, 또 나를 언어치료의 길로 인도해 주신 김화수 교수님께 고마움의 인사를 전하고 싶다.

수락산에서
이미정

저자 소개

박 소 진

대학을 졸업하고 전공과 무관한 무역회사를 다니다가 문
득 사는 것에 회의를 느껴 비교적 늦은 나이에 '나를 찾고
싶다.'는 생각으로 다시 심리학에 입문하였다.
덕성여자대학교 학부에서 심리학, 동 대학원에서 임상심
리학을 전공하고 발달심리 및 발달장애 심리학 박사를
수료하였다.
모험성이 강한 편으로 늘 신선한 아이디어를 가지고 새
로운 일을 개척하는 것을 즐기며 매사에 열정적이다.
덕성여자대학교 학생생활연구소에서 상담사로 일하였으
며, 현재는 덕성여자대학교 심리학과에 출강 중이다. 한
국아동청소년가족지원협회www.kacaf.kr 회장이고, 덕성
언어심리연구소www.duksunglpi.co.kr(심리검사 · 상담 · 특
수교육 전문기관) 수락점과 서초점을 운영하고 있다.

이 미 정

대학 졸업 후 아동 관련 일을 하면서 언어치료에 관심을
갖게 되어 명지대학교 대학원에서 언어치료학 과정을 밟
았다.
늘 긍정적인 마음으로 새로운 일에 도전하는 것을 즐기
며, 언어장애전문가로 현장에서 일하고 있다. 아이들이
성장하고 성숙해 가는 모습을 볼 때, 가장 큰 보람과 행
복을 느낀다.
현재 덕성언어심리연구소에서 부소장직을 맡고 있다.

비극은
그의 혀끝에서
시작됐다

2012년 2월 15일 1판 1쇄 인쇄
2012년 2월 20일 1판 1쇄 발행

지은이 | 박소진, 이미정
펴낸이 | 김진환
펴낸곳 | (주) 학지사

주   소 | 121-837 서울시 마포구 서교동 352-29 마인드월드빌딩 5층
등록번호 | 제313-2006-000265호
홈페이지 | http://www.hakjisa.co.kr
커뮤니티 | http://cafe.naver.com/hakjisa

ISBN 978-89-6330-825-8 03180

정가 13,000원

저자와의 협약으로 인지는 생략합니다.
파본은 구입처에서 교환해 드립니다.

이 책을 무단 전재 또는 복제 행위 시 저작권법에 따라 처벌을 받게 됩니다.

인터넷 학술논문 원문 서비스 **뉴논문** www.newnonmun.com